Simone Weil

シモーヌ・ヴェーユ

La Pesanteur et la Grâce

重力と恩寵

渡辺義愛［訳］

春秋社

ベルギーにおいて、1922年夏

本書はSimone Weil, ***La Pesanteur et la Grâce***, Plon, 1948の全訳である。底本としては一九六〇年版を用いたが、編者ギュスターヴ・ティボンの「序文」は、新版にあたって、「解説」として巻末に据えた。翻訳にあたってはSimone Weil, ***Cahiers***, t. I-III, Plon, 1951-56を終始参照し、あわせて***The Notebooks of Simone Weil***, translated from the French by Arthur Wills, vol. I-II, Routledge & Kegan Paul, London, 1956および***Gravity and Grace***, translated from the French by Emma Craufurd, Routledge & Kegan Paul, London, 1952をも参考にした。

編者による原注（†印）はすべて訳出した。訳注は短いものについては〔　〕をもって本文中に挿入し、他は（1）のようにし、各章末に収録した。

目次

重力と恩寵

重力と恩寵

魂の本性的なうごきはすべて物体の重力の法則に類似した法則によって支配されている。恩寵だけは例外である。

*

超本性的[1]なものが介入しないかぎり、ものごとは重力に従ってはこばれることをいつも予想していなければならない。

*

二つの力が宇宙を統御している。光と重力と。

*

重力——一般に、われわれがほかの人びとに期待するものは、自分自身に作用する重力の効力によって左右される。われわれがほかの人びとから受け取るものは、彼らに作用する重力の効力によって左右される。両者は、ときとして（たまたま）一致することもあるが、そうでないことが多い。

＊

ある人間が、ほかの人間のことを多かれすくなかれ必要としていることを顔に出すと、後者がよそよそしい態度をとるのはなぜだろう？　重力。

＊

『リア王』、重力の悲劇。およそ低劣な行為と名づけられるものはどれもこれも重力にもとづく現象である。だいいち低劣な行為という表現がそのことを示している。

＊

ある行動の対象と、その行動に注がれるエネルギーの高さ、この二つのものは別ものである。

あることをしなければならない。だが、エネルギーをどこから汲めばよいのか？　高潔な行動も、もしそれに見合う高さのエネルギーを自由に用いることができなければ人を低めることがありうる。

＊

低劣なものと表面的なものとは同じ水準にある。「あの人は激しく、しかし低劣に愛している」とはいえるが、「あの人は深く、しかし低劣に愛している」という表現はありえない。

＊

同じ苦痛を耐え忍ぶ場合、低劣な動機でそうするよりも、高尚な動機からそうするほうがずっとむつかしいということがほんとうならば（配給の卵を一つ手に入れるために午前一時から八時までじっと立ちつくした人びとも、人命を救うためだとしたら同じように立ちつくすことはなかなかできなかったであろう）、いろいろな点からみて、おそらく低次の徳のほうが、困難、誘惑、不幸のかずかずに対して、高次の徳よりもよく試練に耐えるであろう。ナポレオンの兵士たち。だから兵士たちの士気を維持したり鼓舞したりするために残酷な行為に訴えるのである。意気沮喪の場合にもこのことを忘れてはならない。

これは、力を一般に低い部面に加える法則の個別例である。重力はこの法則をいわば象徴している。

＊

食糧のための行列。同じ行為も、動機が低劣な場合のほうが、高尚な場合よりも行ないやすい。低劣な動機のほうが高尚な動機よりも多くのエネルギーを内包している。問題。低劣な動機に帰属しているエネルギーを、高尚な動機にどうやって移すか？

頭痛の折りふしに、痛みがしだいに募ると、他人の額のちょうど同じ部位を殴打して痛い目にあわせてやりたいという強烈な欲求をいだいたことを忘れないようにしよう。

これに似た欲求は、人びとのあいだでごく頻繁に見られる。

私は頭痛に苦しんでいるとき、このような欲求をいだかぬまでも、せめて人を傷つけることばを口にしたいという誘惑にいくたびか負けたものだ。重力への屈服。最大の罪。こうして言語の機能が損われてしまう。言語はものごとの関係を表現することを機能としているはずなのに。

＊

懇願の態度。必然的に私は自分自身以外のものに頼らなければならなくなる。自分自身から解放されることが問題なのだから。

私自身のエネルギーを用いてこの解放をこころみるとすれば、それは牡牛が足にくくりつけられた綱を引っ張って、そのために膝をついてころぶようなものであろう。

その場合、人は自分のなかのエネルギーを力づくで解放することになり、そのためエネルギーはいっそう低下する。熱力学的な意味での釣合い(2)。それは一種の循環論法で、上のほうから引き上げられないかぎり、そこから脱け出すことはできない。

人間の肉体的エネルギーの源泉はその人間の外部にあるが（食物、空気など）、精神的エネルギーの源泉も外部にある。彼はそれを通常見出す。だから——肉体の場合と同様に——自分の存在内部に存在を維持する原動力があるような錯覚をいだく。窮乏に陥ってはじめて人間は栄養の欠乏を感じる。そして、窮乏に陥った場合、食べられるものにならなんでもかまわず手を出さずにはいられない。

こんな場合の唯一の救済手段。光を養分とすることのできる葉緑素。審いてはならない。すべてのあやまちは等質である。あやまちはただ一つ。光を養分とする能力をもたないこと。なぜならこの能力がなくなれば、すべてのあやまちが可能になるからである。「私をつかわしたおかたの御旨を行なうことが私の食べものである」〔ヨハネ福音書四・三四〕。この能力をさしおいてほかによいものはない。

*

重力がすこしも加わらない運動によって下降すること……重力は下降させる。翼は上昇させる。翼の力が自乗になったところで、重力なしに下降させることができるだろうか？

*

創造は、重力の下降作用、恩寵の上昇作用、それに自乗された恩寵の下降作用とから成り立っている。

恩寵、それは下降の法則である。

＊

低くなること、それは精神の重力に対して上昇することである。精神の重力はわれわれを高いほうへ落とす。

＊

あまりひどすぎる不幸に陥った人間は憐れんでさえもらえない。いやがられ、嫌われ、さげすまれる。

憐れみはある程度の不幸にまでは降りて行く。しかしそれより下には降りて行かない。どのようにして愛徳心はそれより下に降りて行くのだろう？

あれほど低いところまで落ち込んだ人びとは、自分自身を憐れんでいるのだろうか？

【訳注】

（1）原語は surnaturel 通常「超自然的」と訳されているが、surnature という場合の nature は「本性」をさしている。

（2）体系各部のあいだに熱の流れが認められない状態。

真空と埋め合わせ

人間的なからくり。苦しんでいる人はだれしも自分の苦痛をうつそうとする――ある場合はだれかをひどい目にあわせることによって、またある場合はほかの人に憐れみをもよおさせることによって――それは苦痛をやわらげるためであり、実際そうして苦痛はやわらぐものである。極端に低いところにいる人が、(子供がなかったり、愛してくれる人がなかったりして)だれにも同情されず、だれをひどい目にあわせる力ももたないとき、その苦痛は彼のうちにこもり、彼を毒する。

それは重力のように権柄づくである。どのようにしてそれから解放されることができるだろう? 重力のようなものからどのようにして解放されることができるのだろうか?

*

自己の外部に悪を撒き散らす傾向、悲しいことに私にはまだそれがある。人びとやものごとは、私にとってまだ聖なるものになりきっていない。たとえ私のからだがすっかり泥に変えられたとしても、どうかまわりのものをなに一つ穢さずにすむように。思いのうちにおいてさえも、なに一つ穢さないように。最悪のときにおいても、私はギリシア彫刻やジョットのフレスコ画を毀損することはしないであろう。してみれば、どうしてほかのものをだいなしにすることがあろう。たとえば、ひとときのあいだ幸せになれるかもしれないある人の人生のそのひとときを。

*

だれかに苦痛を与えられたとき、その苦痛がわれわれを低める場合はその人をゆるすことはできない。その苦痛がわれわれを低めたのではない、むしろわれわれの真の水準をはっきり思い知らせたのだと考えるべきである。

*

自分の苦しみをほかの人がそっくりそのまま味わっている姿を見たいという欲求。だからこそ、社会が不安定な時期を除けば、貧困に苦しむ人びとの怨恨は同類に対して向けられるのである。
このことは社会を安定させる一つの因子になっている。

*

苦しみを自己の外部に撒き散らす傾向。もしその人が気が弱すぎて、ほかの人に憐れみをもよおさせることも、痛い思いをさせることもできないと、その人は宇宙そのものが示す姿につらくあたることになる。
そうなると、美しいもの、善いものがすべて侮辱を与えるもののように見えてくる。

＊

他人に苦痛を与えること、それは他人からなにかを受け取ることである。なんだって？　人は苦痛を与えた場合、なにを得たというのだろうか？（そしてその人にもう一度なにを支払わなければならないのだろうか？）その人は大きくなったのである。拡がったのである。他人の内部に真空を創り出すことによって、その人自身の内部の真空を埋めたのである。

他人に苦痛を与えて罰を受けずにすませることができれば――たとえば目下のものに怒りをぶちまけておきながら、その目下のものに口をつぐんでいるように強いることによって――自分のためにエネルギーの消費量を節約することになる。そのぶんは他人が引き受けねばならない。なにかの欲望を不当に満足させる場合も同様である。こうして節約されたエネルギーはすぐに低下する。

＊

ゆるすこと。できない相談だ。だれかに苦痛を与えられたとき、われわれの内部に反作用が生まれる。復讐の欲求はどうしても必要な釣合いへの欲求である。別の面での釣合いを求めなければならない。自分自身でこの限界まで行かねばならない。そこで人は真空に行きつく（天はみずから助くるものを助く……）。

頭痛。ある瞬間、その痛みを宇宙に投影すると痛みが減少する。だがその宇宙はきずものになる。この痛みをもとの場所にもう一度もどすと、それはいっそう激しくなるが、私のうちにあるなにものかは苦しまず、そしてきずものになっていない宇宙と接触を保ち続ける。さまざまな情念をも同じように扱うこと。それらを降下させ、一点に引き寄せ、そしてそれらに対して無関心になろう。なかんずく、すべての苦痛をこのように扱うようにしよう。それらがものごとに近づくのを妨げよう。

＊

釣合いを追い求めるのはよくない。なぜならそれは想像に属することだから。復讐。たとえ実際に自分の敵を殺したり、苦しめたりしても、ある意味でそれは想像に属するわざである。

＊

一人の人間が自分の都市《シテ》、家族、友人たちのために生きていたとする。金持ちになるため、社会的位置を高めるため、そのほかいろいろなことのために生きていたとする。そこへ戦争が起こる。彼は奴隷として連れて行かれる。そうなると、彼はいつまでもただ生存するだけのためにあらんかぎりの精根を尽くさなければならない。

それはぞっとするようなたまらないことだ。だから彼の眼のまえにどれほどいやしむべき結末が訪れても、それにすがりついてしまう。たとえそれが彼のかたわらで働いている奴隷に罰をまねくような結末であってもかまわないのである。彼はもう結末の選り好みはできない。どんな結末でも溺れるものにさしのべられた藁のようなものだ。

＊

住んでいた都市《シテ》を破壊され、奴隷として連れて行かれた人びとには、もう過去も未来もなかった。彼らはどんなもので心を満たすことができただろうか？　虚偽や、この上もなくいやしくみじめな渇望でもって。かつて自分の町を守るためには死の危険をもかえりみずに戦場におもむいた彼らが、そのときよりもおそらくもっといそいそと一羽の鶏を盗むために磔刑の危険をおかしたであろう。まちがいなくそうだとさえいえる。でなければあのような極刑は必要でなかったろう。

このような羽目に陥らないためには、心のなかの真空に耐えることができなければならなかった。不幸なときに不幸をじっとみつめる力をもつためには、超本性的な糧が必要である。

＊

あまりにもつらい状況は人の品位を落とす。そのからくりはつぎの点にある。高尚な感情によって供給されるエネルギーは——通常——限られており、その状況がこの限界を乗越えて行くことを要求するときは、もっとエネルギーに富んだ低級な感情（恐怖、渇望、新記録の趣味、外面的な栄誉など）に頼らねばならないからである。
このような限界のあることが、多くのあともどりの理由を説き明かす鍵になっている。

＊

善への愛にうながされて、苦しむべきことの多い道に足を踏み入れ、ある期間を経過してから自己の限界に達して品位を落とす人びとの悲劇。

＊

路上の石。欲求のつよさがある程度に達すると、まるでその石がもう存在するはずがないかのようにその上に身を投じること。あるいはあたかも自分自身が存在しないかのように立ち去ること。欲求はある程度絶対を内包している。そして（欲求のエネルギーがひとたび尽きて）行きづまると、絶対は邪魔物に転位する。敗者や抑圧された人びとの精神状態。

＊

（どんなものにも）限界があり、超本性的な助けがなければそれを越えられないこと、たとえ越えられたとしてもごくわずかであろうし、それとひきかえにあとでひどく品位を落とす羽目に陥ることを理解しなければならない。

*

動機のもとになっていた対象がなくなると、それによって解放されたエネルギーはいつもより低いほうにおもむく。

低級な感情（羨望、怨恨など）は低下したエネルギーである。

*

報酬はどんなかたちのものでもエネルギーの低下になる。

*

善い行ない（あるいは芸術上の制作）をしたあとで感じる自己満足は、高次のエネルギーの低下である。だから右手は左手のしたことを……〔マタイ福音書六・一四参照〕

*

単なる想像上の報酬（たとえばルイ十四世の微笑）は払われた労力と正確に等しい価値をもつ。なぜなら、それは払われた労力の価値を過不足なくもっているからである――ところが、現実の報酬は、それが現実のものであるかぎり、余分であるか、でなければ不足である。したがって無制限の努力にエネルギーを供給するのは、たとえばルイ十四世の微笑のような、もっぱら想像上の恩典だけである。ただしルイ十四世がほんとうに微笑しなければならない。そうでないと、ひどい窮乏をまねく。王はたいていの場合想像上の報酬でしか支払うことができない。さもないと支払不能になるだろう。

宗教の場合もある程度まで同じである。ルイ十四世の微笑という報いがないので、われわれにほほえみかけてくれる神をこしらえるのである。

さもなければ、さらに自分自身を崇める。価値の等しい報酬が必要なのである。これは重力と同じように避けようがない。

*

愛する人が私の期待を裏切る。私は彼に手紙を書いた。私が彼にかわって心のなかで考えたとおりのことを、彼が返事してよこさないはずはない。

人びとがわれわれに負うもの、それはその人びとが与えてくれるだろうとわれわれが想像しているものにほかならない。彼らにこの負債を免除してやろう。

彼らがわれわれの想像の創りなしたものではないことを認めること、それは神の行為としての放棄(1)を模倣することになる。

私もまた、自分がそうであると想像しているものとは異なる。そのことを知ること、それがゆるすことである。

【訳注】

（1）「神の行為としての放棄」という考えかたについては本書の「遡創造」と題された章を参照のこと。

真空を受け容れること

「われわれは、どんな存在もつねに本性の必然から自分のもつ力を精いっぱいに行使するものであることを、神々に関しては伝承の教えるところによって信じ、人びとに関しては経験の語るところによって知っている」(トゥーキュディデース)。気体と同じように、魂は与えられた空間のすみずみにまでひろがろうとする。収縮したあげく真空を生じさせる気体があるとすれば、エントロピーの法則に反することになる。キリスト者の神の場合は事情が異なり、エホバ[1]が本性的な神であったのに対して、それは超本性的な神[2]なのである。

自分のもつ力をすっかり行使しないのは、真空を許容することである。これはすべての自然法則に反することで、恩寵だけのよくなすわざである。

恩寵はあいているところを満たす。ただし、恩寵を受け容れる真空のあるところにしかはいっていかない。そしてその真空をつくるのは恩寵である。

報酬をぜひ欲しいと思う気持ち、与えたものと同じ価値のものを受け取りたいという欲求。だがもし、この気持ちをむりにおさえて、真空にしておくと、一種の誘いの風が生じて、超本性的な報酬が不意にやってくる。ほかに報酬のある場合はやってこない。真空がそれをまねき寄せるのである。

*

負債を免除するときも同じ（他人に害を加えられた場合だけではなく、他人に善いことをしてやった場合についても）。この場合もまた、人は自分自身のうちに真空を受け容れる。

自分自身のうちに真空を受け容れること、それは超本性的なことである。代償のない行為を行なう場合エネルギーをどこに求めたものだろう？　エネルギーはほかからこなければならない。しかしながら、そのまえに根こぎの状態が必要であり、なにかしら絶望的なことが起こらなければならない。まず真空が生じなければならないのである。真空、暗夜。

感嘆、憐憫（とりわけこの二つの混合）は、現実のエネルギーを供給する。しかしこのようなエネルギーは、なしですまさなければならない。

本性的なものにせよ、超本性的なものにせよ、報酬をあてにしない時間をすごさなければならない。

*

世界が神を必要とするためには、世界をいくらか真空を含むものとみなさなければならない。そのためには、まえもって悪を必要とする。

＊

真理を愛することは、真空に耐えること、したがって死を受け容れることを意味する。真理は死の側にある。

＊

人間がこの世の法則からまぬかれるのは稲妻一閃の間にすぎない。静止の瞬間、観想の瞬間、純粋直観の瞬間、心のなかの真空の瞬間、精神内に真空を受け容れる瞬間。こうした瞬間をとおして、人間は超本性的なものに近づくことができる。

一瞬間真空に耐える人は、超本性的な糧を受けるか、さもなければ倒れるか、そのどちらかである。おそろしい危険、だがそれをおかさねばならない、それも、希望のない瞬間においてさえも。ただしその危険のなかにみずから身を投げてはならない。

【訳注】

（1）ヤーウエのこと。かつてこのように誤読されていた。

（2）本書一五ページの訳注参照。ここでは「本性的」を「人間的」、「超本性的」を「超人間的」と置き換えて読むことも可能であろう。

執着から脱け出すこと

完全に執着から脱け出るためには、不幸を味わうだけでは十分でない。慰めのない不幸が必要である。慰めがあってはならない。ことばにあらわせるような慰めがすこしでもあってはならない。そうすれば、筆舌に尽くせない慰めが舞い降りてくる。

負債をゆるすこと。過去を受け容れて、未来にその代償を求めないこと。いますぐに時間を停止させること。それはまた死を受け容れることでもある。

「キリストはみずからの神性を脱ぎ捨てた」〔ピリピ書二・七〕。われわれも自分自身の内部から現世的なものをすっかり取り除かなければならない。奴隷の本性を帯びること。空間と時間のなかで自分の占めている一点に凝縮すること。つまり、無に帰すること。

現世の仮想の王位を脱ぎ捨てること。絶対の孤独。そのとき、人は現世の真理をもつ。

*

物質的な幸福を放棄する二つの方法。

精神的な幸福のために、物質的な幸福をみずからに禁じる方法。

物質的な幸福を精神的な幸福の条件とみなし、感じながらも（例、飢え、疲労、屈辱は理解力を晦まし、観想を妨げる）放棄する方法。

この二番目の放棄だけが飾り気のない精神をあらわしている。

それに、物質的な幸福が、精神的な幸福と関係なしに単独で現われるときは、ほとんど危険をともなわないであろう。

恩寵でないものはすべて放棄すること、しかも恩寵を欲しがってはならない。

＊

欲望を消滅させること（仏教）、執着から脱け出すこと、運命の愛《アモール・ファティ》、絶対善への欲求、以上のものはみな同じものである。すなわち、欲望をからにすること、「終り《フィナリテ》」の中味をすっかりからにすること、むなしく欲求すること、願望なしに欲求すること。

われわれの欲求をあらゆる幸福から切りはなして待つこと。経験はこの期待が満たされることを証している。そのとき人は絶対善に行きつく。

＊

あらゆる特定の対象を越えて、いつもむなしく欲求し、真空を欲求しなければならない。なぜなら、思い描くことも輪郭を定めることもできない善は、われわれにとって真空なのだから。だが、この真空はどんな充満よりも充実している。

そこまで行きつけば、われわれは窮地を脱している。なぜなら神は真空を満たすから。このことは現代的な意味での知的操作とはなんのかかわりももたない。知性はなに一つ発見する使命をもっていない。邪魔物を取り除くのがそのつとめなのである。知性が役立つのは盲従的に仕事をする場合だけである。

善は無であるように見える。善いものはなに一つないからである。だがこの無は非実在的ではない。この無にくらべれば、存在するものはどれもこれも非実在的である。

*

真空を満たしたり、苦悩をやわらげるような信心はしりぞけなければならない。不死を信じたり、罪の効用を信じたり——たとえば「罪デサエモ」(etiam peccata)[1] という考えかた——摂理がもろもろの出来事を指図していると信じたりすること、要するに人びとが通常宗教のなかに求める「慰め」をしりぞけなければならない。

*

トロイアとカルタゴの破壊をとおして、しかも慰めなしに神を愛すること。愛は慰めではない。光である。

＊

この世の実在はわれわれの執着のつくりなしたものである。それは、われわれが事物のなかに運び移した自我の実在である。それはけっしてわれわれのそとにある実在ではない。そとにある実在を知覚するためには執着を完全に脱ぎ捨てなければならない。たとえたった一筋の糸でつながっていても、まだ執着は残っているものである。

＊

不幸に陥ったために、つまらない対象に愛着を向けるように強いられるとき、執着のいやしむべき性格があらわになる。その結果、執着から脱け出す必要がいっそう明らかになる。

＊

執着は幻想をつくり出す。実在を求める人はだれしも執着から脱け出さなければならない。

＊

人はあるものが実在的なものであると知るやいなや、そのものに執着し続けることはできなくなる。

執着をもつということは実在性の感覚が不足していることにほかならない。人があるものを所有することに執着するのは、そのものを所有することをやめるとそのものが存在することもやめてしまうと思いこんでいるからである。多くの人びとは、一つの町をほろぼすことと、自分たちがその町から永久に追放されることのあいだには天と地ほどのへだたりがあることを心底から感じていない。

*

人間の悲惨《ミゼール》は、〝時〟によって水割りにされなければ、耐えがたいものであろう。それを耐えがたいものにしておくために、それが水割りにされるのを妨げなければならない。

「彼らは泪を流してしまえばそれでともかくも思いをやるという次第で……」(『イーリアス』[2])——この泪もまた、最悪の苦しみを耐えられるものにする手段である。慰めを受けないために、泣かないようにしなければならない。†

*

われわれを執着から脱却させない苦痛はどれもこれもむなしい苦痛である。これ以上おぞましいものはない。つめたい沙漠、縮んだ魂。オヴィディウス[3]。プラウトゥスの奴隷たち[4]。

*

現在自分の眼のまえにない自分の好きなある物やある存在を思い浮かべるとき、いつもきまってその物がこわされてしまったとか、その存在が死んでしまったとか想像するようにしたい。どうか、このような考えかたが、実在の感覚を溶かさずに、むしろそれをいっそうつよめるように。

「御旨の行なわれんことを」ととなえるたびごとに、起こる可能性のあるわざわいをすべて思い浮かべなければならない。

＊

自分をなきものにする二つの方法。自殺、でなければ執着から脱け出すこと。

自分の愛するものをすべて思いによって殺すこと。唯一の死にかた。といっても、自分の愛するものだけにとどめておくこと、「自分の父、自分の母を憎まないものは……」〔ルカ福音書一四・二六〕しかし、「あなたたちの敵を愛しなさい……」〔マタイ福音書五・四四〕

自分の愛するものの不死をのぞまないようにしよう。どんな人間存在に対しても、その人の不死も死ものぞまないこと。

＊

守銭奴は、ためこんだ財産を後生大事にする気持ちから、びた一文も使わないようにつとめる。もしわれわれが自分の財産をのこらず地中に隠した容れ物のなかにしまいこんで置くことができるのだったら、それを神のうちにしまいこむことができないわけがあるだろうか？

ただし、神がわれわれに対して、財宝が守銭奴に対してもつような十全な意味作用をもつようになったら、神は存在していないとつよく繰り返して自分にいいきかせなければならない。たとえ神が存在していなくても、神を愛しているという実感を味わわなければならない。

神は暗夜の闇の奥にしりぞく。守銭奴によって愛される財宝のように愛されることを避けて。

＊

死んだオレステースのために嘆くエーレクトラー。(5) もし人が神が存在しないと考えながらも神を愛するならば、神はその存在を顕示するであろう。

† ところがイエス・キリストは「泣く人は幸いである」(マタイ福音書五・五)といっている。ただし、シモーヌ・ヴェーユは、ここで、物質的な富を奪われてしたたり落ちる泪、人が自分自身のために流す泪のみを咎めているのである。

【訳注】

(1) パウロの書簡に「神を愛する人びとのためには神がすべてをその善に役立てる」(ローマ書八・二六)という一節がある。この「すべてを」につけ加えて「罪でさえも」と注釈したのはアウグスティヌスであるといわれている。

（2）「世間には、アキレウスより、もっと大切な者をなくした人もいくらもあるはずです。同じ母親から生まれた兄弟とか息子さえをも。それでもくやんで泣き、泪を流してしまえば、それでともかくも思いをやるという次第で、というのも運命の女神たちは、人間どもに耐え忍ぶ心を与えたからです。」（呉茂一氏の訳による）『イーリアス』第二十四巻、ポイボス・アポローンのことば。

（3）シモーヌ・ヴェーユは『ノート』のなかで、アウグストゥスに追放されたオヴィディウスの境遇について何度か言及している。

（4）やはり『ノート』のなかに、プラウトゥスの奴隷たちのことば「私ハ死ンダ、私ハナニモノデモナイ」（peri, nihilsum）とそれをめぐる省察がしたためられてある。

（5）エーレクトラーはアガメムノーンとクリュタイムネーストラーとのあいだの娘。オレステースはその弟。二人にまつわる説話はホメーロス以来現代に至るまで多くの作品に結実しているが、ここではとくにソポクレースの『エーレクトラー』を念頭に置くべきであろう。なお大木健氏執筆の「エレクトラのイメージ」（『シモーヌ・ヴェーユの生涯』勁草書房、所収）を参照のこと。

真空を埋める想像力

恩寵がはいりこめるようなあらゆる裂け目をふさぐために、想像力は絶え間なく働いている。

*

どんな真空も（受け容れられたものでなければ）、憎しみ、苦々しさ、苦悩、怨恨を産み出す。われわれが心に描き、憎んでいるものの上にふりかかればよいと思っているわざわいが平衡を回復させる。

*

『スペインの遺書』[1]のなかの民兵たちは、死に耐えるために勝利をでっち上げた。真空を埋める想像力の一例。人は勝利によって得るものがなにもないとわかっていても、勝利をもたらすようなことのためには敢えて死をもいとわないが、敗北をもたらすようなことのためにはそうではない。

まったく力のないなにものかのために生命を捧げるとすれば、それは人間わざを越えることになろう（キリストの弟子たち）。死の思念はそれと釣り合うものを要求する。そしてその釣り合うものは――恩寵を除いて――虚偽以外のものではありえない。

＊

真空を埋める想像力は本来人をあざむくものである。それは三次元を排除する、なぜなら、三つの次元のなかにおさまるのは、実在するものだけであるから。想像力は種々様々な関係を排除する。実際に生起しているのに、ある意味ではあくまで想像上のものでしかないようなものごとを定義づけてみたい。戦争、犯罪、復讐、極度の不幸など。スペインでは、犯罪が実際に行なわれていながら、しかも単なる自慢話に似かよっていた。

夢よりも次元の数の多くない平板な現実のかずかず。

夢のなかでもそうだが、悪の場合も、多種多様の「読み」†がない。犯罪者が単純なのはそのせいである。

二つの側から見た夢のように平板な犯罪。刑の執行者の側からと、受刑者の側からと。悪夢のなかで死ぬほどおそろしいことがあるだろうか？

＊

埋め合わせ。マリウス[2]は将来の復讐を想像した。ナポレオンは後世に思いを馳せた。ウィルヘルム二世は一杯の茶が欲しかった。彼の想像力は星霜にまたがることができるほど根づよく権力に結びついていなかった。それは一杯の茶に向けられたのである。

＊

十七世紀における、民衆のおえらがたに対する崇拝（ラ・ブリュイエール[3]）。それは真空を埋める想像力の一つの効果だった。金銭がとって代わって以来消え失せた効果である。二つの低劣な効果。しかし金銭のほうがいっそう低劣である。

＊

どんな状況においても、真空を埋める想像力のはたらきを停止させると、真空が生じる（こころの貧しい人びと）。

どんな状況においても、（しかし、ある状況においては、ひどい堕落とひきかえに）想像力は真空を埋めることができる。その結果、平均的人間が囚人、奴隷、売春婦となり、どんな苦しみをくぐりぬけても浄化されることがない。

＊

自分のなかの真空を埋める想像力のはたらきに絶えず一時停止を命じなければならない。

われわれがどんな真空でもよいから受け容れるならば、たとえどんな運命の一撃に見舞われても宇宙を愛することを思いとどまることはあるまい。

なにごとが起ころうと、宇宙は満たされている、とわれわれは確信している。

† シモーヌ・ヴェーユの用語体系のなかで〝読み〟という語の意味するものについては本書の「読み」と題された章を参照すること。

【訳注】

（1）アーサー・ケストラーの著書、一九三八年作（平田次三郎氏訳、ぺりかん社刊）。シモーヌ・ヴェーユがこの作者を非常に高く評価していたことはティボンも「序文」のなかで指摘している。

（2）カイウス・マリウス。前一五七―前八六。古代ローマの将軍、政治家。

（3）「民衆がおえらがたに対していだいている好感は非常に盲目的なものであり、おえらがたたちのしぐさ、表情、ことばづかい、物腰に対する心酔は非常にひろまっているので、おえらがたたちがよい人であることがわかると、偶像を崇めるようなことになりかねない。」（ラ・ブリュイエール、『人さまざま』の「おえらがたについて」の冒頭の部分）

時間を放棄すること

時間は永遠の表象《イマージュ》である。だがそれはまた永遠の代用品《エルザッツ》でもある。

＊

ためこんだ財産を奪われた守銭奴。彼が奪われたのは凍結した過去である。過去と未来、それだけが人間の財宝。

真空を埋める未来。ときには過去もまたその役割を演じる。（私は……であった、私は……した）しかし場合によっては、現在の不幸が幸福を考えることを耐えがたいものにする。この場合不幸が不幸に陥っている人からその人の過去を奪っているのである（みじめな境遇にあって幸せなころを思い出すことほどつらいことはありません(1)）。

＊

過去と未来とは、想像の翼で自分を高く上げるための涯てしない場を提供し、不幸の有益な効果を阻害する。だから、過去と未来との放棄がすべての放棄のなかで首位を占めるのである。

*

現在には「終り《フィナリテ》」のはいりこむ余地がない。未来にもその余地はない。なぜなら未来といってもやがては現在になるものにすぎないのだから。しかしわれわれはそのことを知らない。もし、われわれの内心で「終り《フィナリテ》」につながっている欲望の切先を現在にあてがうならば、それは現在をつらぬいて永遠にまで届くだろう。

そこに絶望の使いみちがある。それは人の注意を未来からそらせることである。

*

期待していた楽しみが眼のまえにやってくると、がっかりさせられることがある。その原因は、われわれが未来に期待をいだいていたことにある。そして、ひとたび未来が眼のまえにやってくると、それは現在になる。われわれは未来が未来であることをやめずに、眼のまえにあってほしいと思う。これは不条理なことであり、矯正することのできるのは永遠だけである。

*

時間と洞窟。(2) 洞窟から出ること、執着から解き放たれることは、未来を目標とすることをやめることである。

＊

浄化の一つの方法。神に祈ること。人知れず祈るだけでなく、神は存在しないと考えながら祈ること[†]。

死者をつつしみうやまう気持ち。なにごとをするにつけても存在しないもののためにすること。

他人の死がもたらす苦痛、それは真空がもたらす苦痛であり、釣合いの喪失がもたらす苦痛である。他人の死後は対象を失い、したがって報酬のなくなる努力。想像力がこの真空の埋め合わせをすると、下落が生じる。「死人は死人に葬らせておけ」〔マタイ福音書八・二二〕といわれているが、自分自身の死についても同じではないだろうか？　対象と報酬は未来のうちにある。未来を奪うこと――真空、釣合いの喪失。だからこそ「哲学すること、それは死ぬのをまなぶこと[3]」なのだ。だからこそ「祈るのは、死の一種[4]」なのだ。

＊

魂のなかに、苦痛と困憊が涯てしなく続くような感情を生じさせるまでになったとき、その涯てしなさを、受け容れる気持ちと愛とをもって観想することによって、人は現世から引きはなされて永遠にはいる。

† じじつ、神の存在のありかたは創られたものの存在のありかたとは異なっている。ところがわれわれの本性的な能力によって体験されるのは創られたものだけなのである。それゆえ、超本性的な実在との触れ合いは、まず無との触れ合いとして体験されるのである。

【訳注】

（1）ダンテ『神曲』地獄篇、第五歌、一二一―二行、フランチェスカ・ダ・リミニがダンテに語りかけるせりふの冒頭のことば。

（2）シモーヌ・ヴェーユの作品のなかにはプラトンの「洞窟の象喩《イマージュ》」をふまえた表現が無数にちりばめられている。

（3）モンテーニュ『随想録』第一巻第二十章の題名。

（4）P・プリュックベルジェ『神への復帰』のなかの一節。

対象なしに欲求すること

浄化とは善と渇望とを切りはなすことである。

*

もろもろの欲求の根底にまで降りて行って、エネルギーをその対象から引きはなさなければならない。根底における欲求はエネルギーとしてみればほんものである。いつわりなのは対象である。しかし、欲求をその対象から切りはなそうとすれば、魂のなかでことばではいいあらわせないような引きはなし作業が行なわれる。

*

われわれは、自分自身の奥底まで降りて行くと、自分が欲求しているものを過不足なく所有していることがわかる。

ある（いまは亡き）人をなつかしく思うとき、われわれは特定の限定された人をなつかしんでいる。したがって、それはどうしても「死すべき人《モルテル》」でなければならない。そしてわれわれはその人をなつかしく思う。あの人はこうした、とか、あの人にこうしてあげたとか、……要するに、ある日、ある時刻に死んだ人をなつかしむのである。そしてわれわれはその人を有つ——死せるものとして。

金銭を欲しがる場合、われわれは交換の媒介物（機関）を求めているのであり、それはある条件のもとでなければ手にはいらないものである。したがって、われわれはそれをある範囲内で欲しいと思うのである。そして、その範囲内で、それを手に入れる。

いずれにせよ、苦しみや真空は、われわれの欲求の対象が示す存在様態である。非実在性のベールを取り除きさえすれば、それらの対象がそのような様態でわれわれに与えられていることがわかるであろう。

このことがわかるとき、われわれはまだ苦しみのなかにあるが、幸せである。

＊

ためこんだ財産を盗まれた守銭奴がなにを失ったかを正確に知ることができれば、われわれは多くのことをまなび知るであろう。

ローザンと近衛騎兵隊長の任務(1)。彼は、解放されて隊長でなくなることよりも、牢につながれた近衛騎兵隊長であることを選んだ。

そうしたものは衣服なのだ。「彼らは裸であることを恥じた」〔創世記三・七参照〕。

＊

だれかを失った場合、われわれはその亡き人、いなくなった人が実体のない想像上の存在になってしまったことを悲しむ。しかしわれわれがその存在をなつかしむ気持ちは架空のものではない。自分自身の奥底まで降りて行こう。そこには架空のものでない欲求が在る。われわれは空腹のとき、さまざまな食物を想像する。しかし空腹そのものは実在する。この空腹を捕えなければならない。亡き人の現存は想像上のものだが、その不在はまさしく現実である。その人が死んでからは、不在がその人のあらわれかたになる。

＊

真空を求めてはならない。真空を埋めるために超本性的な糧に頼るのは神をこころみることになるだろうから。真空を避けてもいけない。

＊

真空はこの上もない充溢である。しかし人間にはそれを知る資格がない。その証拠に、キリストさえも、いっとき、そのことをまったく知らなかったのだ。自我のある一部分はそれを知っているはずだが、他のすべての部分は知らない。なぜなら、もしそれらの部分がそれらなりの程度の低い方法でそのことを知るならば、もう真空は存在しないだろうから。

*

キリストは人間の悲惨《ミゼール》をすべて味わった。ただし、罪を除いて。だが、彼は人間に罪を犯すことを可能にするものをすべて経験した。人間に罪を犯すことを可能にするもの、それは真空である。あらゆる罪は真空を埋めようとするこころみである。このように、汚点にみちみちた私の人生も一点のくもりもないキリストの生涯と隣り合っている。もっとずっと程度の低い人生についても同じことがいえる。どんなに私は低く落ちても、キリストから遠くへだたることはできないだろう。ただし、落ちてしまえば、もはやそのことを知るよしもあるまい。

*

長い不在のあとで再会した友人との握手。その握手が触覚に快よかったにせよ苦痛であったにせよ、そんなことはおよそ気にもとまらないことである。盲人が、杖のさきで、対象をじかに感じるように、私は友人の現存を直接に感じる。同じことが、人生のどんな情況についてもいえるし、神についてもいえる。

ということは、けっして苦痛のなかに慰めを求めてはならないことを意味する。至福は慰めと苦痛の領域の彼方にあるからである。至福は別の感覚によって知覚される。ちょうど、杖や器具のさきによる対象の知覚が、厳密な意味での触覚とは別ものであるのと同じように。この別の感覚は、注意を移動させることによって訓練されるが、そのためには、全身全霊を傾注した見習期間が必要である。

だからこそ福音書には「私はいう、そういう人びとはその報いをえた」〔マタイ福音書六・二〕と記されているのだ。埋め合わせは必要でない。われわれを感受性の彼方に運ぶのは、感受性のなかにある真空である。

*

ペトロの否み。キリストに対して、「私はあなたにいつまでも忠実を守ります」ということは、すでにキリストを否んだことになる。なぜなら、それは忠実のみなもとを恩寵のなかではなく、自己のうちにあるものとみなしたことだから。幸いにして、ペトロは選ばれた者だったので、この否みはすべての人にも彼自身にも明らかになった。ほかのどれほど多くの人が同じように自分の忠実さをひけらかしていることか――そしてその人びとはすこしも理解していないのだ。

キリストへの忠実を守ることはむつかしかった。それは虚空への忠実であった。ナポレオンに対して死に至るまで忠実を守るほうがはるかに容易である。後世の殉教者たちが忠実を守るほうがはるかに容易だった。なぜなら、すでに教会が存在しており、それは世俗的な約束をともなった一つの力であったから。人は力あるもののためには死ぬが、力なきもののためには死なない。あるいは一時的には力がなくても、力の後光だけは保ち続けているもののために死ぬ。セント・ヘレナのナポレオンに対する忠実は虚空への忠実ではなかった。力あるもののために死ぬことは、死からそのつらさを奪う。そして、ついでに、死の価値をもことごとく奪う。

＊

ほかの人間に懇願すること、それは自分だけにあてはまる価値体系をほかの人の心のなかにむりやりにおしこもうとする絶望的なこころみである。神に懇願すること、それはその反対で、神の価値体系を自分の魂のなかに迎え入れようとするこころみである。それは自分が結びつけられているもろもろの価値を一心不乱に考えることではさらにない。むしろそれは心のなかに真空を保つことなのである。

【訳注】

（1）アントワーヌ・ノンパール・ドゥ・コーモン・ローザン。一六三二—一七二三。ルイ十四世の寵臣の一人で近衛騎兵隊長に任命されたが、失寵し、十年間獄中にすごした。自由になってから、王のいとこにあたるモンパンシェ嬢を娶った。

「私」

わずかな偶然がいっさいを奪うこともありうるのだから、われわれは現世においてなに一つ所有していない。「私」と口に出していう力を除いては。これこそ神に与えるべきもの、すなわちほろぼすべきものなのだ。「私」をほろぼすこと、そのほかにわれわれにゆるされている自由な行為は皆無である。

＊

捧げもの。われわれは「私」のほかにはなにも神に捧げることができない。ところが、捧げものと名づけられているものはすべて、「私」というかわりの別の主張の上に体裁よく貼られたレッテルにすぎない。

＊

現世のなにものも、われわれから「私」と口に出していう力を取り上げることはできない。なにものも。ただし、極度の不幸は別である。外側から「私」をほろぼす極度の不幸ほどおぞましいものはない。なぜなら、そうなると、もう自分自身で「私」をほろぼすことができなくなるからだ。不幸によって外側から「私」をほろぼされた人びとはどうなるのだろう？　無神論的な、ないしは唯物論的な意味での消滅しか思い浮かばない。

彼らが「私」を失ったからといって、彼らがもう利己心をもたないわけではない。むしろその反対である。もちろん、犬まがいの献身が生じる場合のように、ときにはそういうこともある。しかしほかの場合、人はむしろ逆に草木にも等しいむきだしの利己心におもむく。それは「私」のない利己心である。

われわれはすこしでも「私」をほろぼす過程にとりかかりさえすれば、どんな不幸が起こっても苦痛をこうむらないですむ。なぜなら、外部から圧力を加えて「私」をほろぼそうとすれば、かならず激しい抵抗が生じるからである。神を愛する念から、この抵抗に身をゆだねることを拒むとき、「私」の破壊は外側からではなく、内側から起こる。

＊

贖罪の苦しみ。人間が完徳の域に達し、恩寵の助力によって、自分自身のうちにある「私」を完全にほろぼしたとき、もしその場合、彼が外部からの「私」の破壊に相当するような不幸に陥るならば、そこにこそ十全な意味での十字架がある。不幸はもはや彼のうちなる「私」をほろぼすことができない。なぜなら彼のうちなる「私」は、完全に消滅して神に席をゆずってしまい、もう存在していないのだから。しかし、完徳の面では、不幸は外部からの「私」の破壊に等しい結果を生む。神の不在が生じるのである。「わが神よ、なぜ私を見棄てられたのか？」（マタイ福音書二七・四六、マルコ福音書一五・三四）。

極度の不幸によって、完徳の域に達した魂のなかに生じる、この神の不在はなんであろうか？それに結びつき、贖罪の苦しみと呼ばれている価値はなんであろうか？

贖罪の苦しみとは、それによって、悪が十全な意味での存在をあますところなく現実に発揮するものである。

贖罪の苦しみを媒介として、神は極度の悪のなかに現存する。なぜならば、神の不在は神の現存の、悪に相応したかたちだからである――それは感得された不在である。みずからのうちに神をもたない人は、神の不在を感得することができない。

それは純粋な悪であり、完全な悪であり、十全な悪であり、深淵のような悪である。それにくらべれば、地獄は見かけだけの深淵である（ティボン参照）。地獄は皮相的である。地獄は、存在を主張し存在しているような錯覚を与える一種の虚無である。

「私」を単に外部からだけほろぼすことはほとんど地獄のような苦しみ[1]である。外側からの「私」の破壊に、愛によって魂が参与している場合は、罪ほろぼしの苦しみになる。愛によって完全に自我をからにした魂のなかに生じる神の不在は贖罪の苦しみである。

*

不幸に陥ると、生活本能はもぎはなされた執着の対象よりも生きながらえ、支えとなりうるものにはなににでも盲目的にしがみつく。ちょうど、植物がその巻きひげを巻きつけるように。感謝（それが低劣なかたちのものでないかぎり）や公正はこのような状態にはふさわしくない。隷属。そこにはもう自由意志の支えとして役立つ十分な量の補充エネルギーが存在しない。それがあればこそ、人間はものごとを評価することができるのだが。不幸をこの角度からみると、むきだしの生命がいつもそうであるように、おぞましいものだ。たとえば切断された四肢の切り口とか、群なす昆虫のうごめきのように。それらはかたちをなさない生命である。そこでは生き残ることだけが執着の対象になる。すべての執着の対象が生き残るための手段にとってかわるとき、そこに極度の不幸が始まる。そこでは執着がむきだしの姿をあらわす。自分自身以外にはなんの対象もない。地獄。

このからくりによって、不幸な人たちの眼に、生きていることがなによりも甘美なことであるかのように映るのである。それも彼らにとって生きていることが死ぬことよりまさっているとはすこしも思われないようなときでさえも。

このような状況で、死を受け容れることは、完全に執着から脱け出すことである。

＊

地上の準地獄。不幸に陥った人びとが完全に根を失っている状態。

人間による不正は通常殉教者を生まず、準地獄に堕ちる人びとを生む。準地獄に堕ちた人びとは、盗賊たちに身ぐるみはがれ傷つけられた人間のようなものである。彼らは性格という衣服を失ったのだ。

根の存続をゆるす苦しみはたとえどんなに深いものでも、準地獄からは限りなくへだたっている。こうして根を失った人びとのために尽くしてやったのに、それとひきかえにひどい仕打ちや忘恩や裏切りをこうむったとしても、彼らの不幸のほんのわずかなおすそわけにあずかるだけである。われわれは、限られた範囲でこのような仕打ちに身をさらさねばならない。不幸に身をさらす力があるのだから。このような事態が生じたら、われわれは不幸を耐えるときのようにそれに耐えるべきであり、その事態を特定の人びとに結びつけてはならない。なぜならその事態はなにものにも結びつくものではないのだから。完徳の場合と同じように、準地獄の不幸のなかにもなにかしら没個性的なところがある。

＊

「私」の死んでいる人には、手のほどこしようがない。まったく手のほどこしようがない。しかし、ある特定の人物のなかで「私」がまったく死んでいるか、あるいはただ活気をなくしているだけなのか、容易にわかるものではない。「私」が完全に死んでいなければ、注射で病気をなおすように、愛でその息を吹き返させることができる。ただしまったく純粋な愛に限る。毛筋ほどの優越感があってもならない。さげすみの影がすこしでもさすと、相手は死への急坂を駆けおりてしまうからである。

「私」が外部から傷つけられると、それはまずこの上もなく激烈な抵抗を示す。ちょうどもがきまわる動物のように。ところが、「私」がなかば死んでしまうと、その「私」はとどめを刺されることをのぞみ、失神状態のなかに沈み込んで行く。そのときもし一片の愛が「私」を目ざめさせると、それは極度の苦痛を惹き起こし、怒りが生じるし、ときにはその苦痛を惹き起こした相手に対する憎しみが湧いてくることもある。だからこそ、失墜した人びとの心のなかに、恩恵の与え主に対する復讐の念という、一見不可解な反作用が生じるのだ。

恩恵をほどこす側の愛が純粋でないこともある。その場合、愛によってねむりをさまされた「私」は、すぐに軽蔑による新しい傷手をこうむる。そこでこの上もなく激しい憎しみが生じる。これは正当な憎しみである。

それにひきかえ、ある人の心のなかで「私」が完全に死んでいる場合、その人は示された愛に対してすこしもやましい思いをいだかない。彼は、食物や暖房や愛撫を受け容れる犬や猫のように、なされるがままになっている。そして、こうした動物たちと同じように、一心不乱にできるだけたっぷりもらおうとする。場合によっては、彼は犬のようになつくこともあり、猫のように一種よそよそしいそぶりでなされるがままになっていることもある。自分のことを気にかけてくれる人があれば、だれかれかまわずその人からエネルギーを鉄面皮に吸収する。

不幸なことに、どんな慈善行為も、鉄面皮な人びとや「私」が殺されているような人びとを対象とするおそれがあるのである。

＊

不幸に見舞われた人の性格が弱ければ弱いほど、その人の「私」はそれだけすみやかに寿命が縮まる。もっと正確にいえば「私」をほろぼす不幸の限界点は、当人の性格の練れている程度に応じて遠くにしりぞいたり近くに迫ったりするのである。そして、遠くにしりぞけばしりぞくほど、性格がしっかりしているといわれるのである。

　このように限界点からのへだたりに多少の差があるのは、たぶん数学の能力に生まれながら差があるようなものであろう。そして、どんなたぐいの信仰ももたずに、難局に際して「よき精神力」を堅持したことを自慢する人は、数学の才を鼻にかける少年ほどにも道理をわきまえていないのである。神を信じる人はもっと大きな錯覚のともなう危険をおかす。すなわち、本性のもともと無意識なはたらきにすぎないものを恩寵に帰してしまう危険をおかしている。

＊

　極度の不幸のなかで味わわれる苦しみ、それは「私」を外側からほろぼすことによって生じる。アルノルフ[2]やフェードル[3]やリュカーオーン[4]の場合がそうである。兇暴な死がいまにも襲いかかる気配を見せながら、生命をほろぼすまえに「私」を外側から殺そうと迫っているとき、膝まずき、いやしい態度で懇願するのは当然である。

＊

「あの美しい頭髪のニオベーも、十二人の子供たちを屋敷のなかでなくした際でさえ、食事のことは忘れなかった。」[5] このことは崇高な意味をもっている。ジョットのフレスコ画のなかで、空間が崇高な意味をもっているように。

絶望することさえもあきらめるようにと強いるほどの屈辱。

*

自分のうちにあって「私」というもの、それは罪である。「私はすべてである。」しかしそういうのは、私のうちに現存する神なのである。そしてそれは一個の孤立した私ではない。

悪は仕切りを設け、神がすべてであることを妨げる。

私を「私」であるようにするのは私の悲惨《ミゼール》である。神をある意味で「私」であるようにするのは、(すなわち、一個の人間《ペルソーヌ》であるようにするのは)宇宙の悲惨《ミゼール》である。

*

ファリサイの徒とは、みずからの力に依存して美徳を保とうとした人びとである。

謙遜とは、いわゆる「私」のなかには自分自身を高めうるエネルギーのもとなどすこしもないことを知ることにある。

私のうちにある貴重なものはどれもこれも、例外なく私のそとからくる、それも、おくりものとしてではなく、絶えず契約更新を必要とする借入金として。私のうちなるものはどれもこれも例外なくまったく価値がない。そして、そとから与えられるおくりもののなかで、私が自分専用に供するものは、たちどころに価値を失う。

＊

完全なよろこびは、よろこびの感情そのものさえ排除する。よろこびの対象によって満たされている魂のなかには「私」ということばを口に出している余地はまったくないからである。

このようなよろこびは、眼のまえにないと、それを思い浮かべることができない。したがって、それを求める気を起こさせるような誘因がないことになる。

【訳注】

（1）原語は douleur expiatrice で、シモーヌ・ヴェーユによれば「贖罪の苦しみ」（douleur rédemptrice）よりも低い次元の苦しみである。

（2）モリエール『女房学校』の主人公。

（3）ラシーヌ『フェードル』の主人公。

（4）アルカディアの王、日傭労働者の姿で近づいたゼウスに、子供を殺して食卓に供したことでゼウスの怒りにふれ、雷に打たれた（狼に姿を変えられたという説もある）。

（5）ホメーロス『イーリアス』第二十四巻、六〇二行。

遡創造[1]

遡創造。ある創られたものを、創られずに初めから存在するもののうちに移り行かせること。
破壊[2]。ある創られたものを、虚無のなかに移り行かせること。遡創造の不届きな代用品《エルザッツ》。

*

創造は愛の行為であり、絶えず繰り返されている。どんな瞬間においてもわれわれの生存は神のわれわれに対する愛である。しかし、神は自分自身しか愛することができない。われわれに対する神の愛は、われわれをとおして神自身に向けられた愛である。このように、われわれに存在を与える神は、われわれの心のなかの、存在しないことへの同意を愛する。

われわれの生存は、われわれが存在しないことに同意するのを待つ神の意志によってのみ成り立っている。

神は絶えず繰り返して、われわれに与えたこの生存を物乞いしている。それを物乞いするために与えているのである。

*

情け容赦のない必然、悲惨、困窮、欠乏と疲れ果てさせる労働の押しつぶすような重圧、残酷なこと、責め苦、非業の死、束縛、恐怖、疾病、――こうしたものはみな神の愛である。神は、われわれを愛しているからこそ、われわれが神を愛することができるように、遠ざかるのである。なぜなら、もしわれわれが、空間と時間と物質の保護も受けずに、直接に神の愛の放射にさらされれば、陽光を受けた水のように、蒸発してしまうであろうから。われわれのうちには、愛ゆえに「私」を放棄することを可能にさせるに足りるほどの「私」はないであろう。必然は、われわれが生存できるように、神とわれわれのあいだに置かれた遮蔽物である。存在することをやめるためにその遮蔽物に穴をうがつのはわれわれの手にゆだねられたことである。

*

一種の「遠神」力(3)が存在する。そうでないとあらゆるものが神になりかねない。

*

人間には想像上の神性が与えられたが、それは彼が、その神性を脱ぎ捨てることができるためである。ちょうどキリストがそのまことの神性を脱ぎ捨てたように。

*

放棄。創造における神の放棄に倣うこと。神は――ある意味で――すべてであることを放棄する。われわれはなにものかであることを放棄しなければならない。それだけがわれわれにできる唯一の善である。

われわれは底のない樽である。底があることを理解しないでいるかぎりは。

*

高めることと低めること。鏡をみながら化粧している女は、自分を――すべてのものを眺めることができるこの無限の存在を――小さな空間に封じ込めていることを恥ずかしく思わない。同様に、自我（社会的自我、心理的自我、等々）を高めるとき、どんなに高く上昇させても、われわれがただそれだけにすぎないものになれば、際限なく下落する。自我が低められている場合は（エネルギーが自我を欲求に高める傾向がないかぎり）、われわれは自分がそれだけにすぎないものではないことを知っている。

非常に美しい女は、鏡に自分の姿を映し見ながら、それが自分であると思いこむことが十分にありうる。みにくい女は、それが自分ではないことを知っている。

*

本性的な能力によって把握されるものはどれもこれもあやふやなものである。超本性的な愛だけが根拠をもつ。こうしてわれわれは共創造者(4)となる。
われわれは自分自身を遡創造することによって、世界の創造に参与する。

*

われわれは自分が放棄するものしか所有しない。放棄しないものは手から逸れていく。この意味で、神の手を経ずになにかを所有することはできない。

*

カトリックの聖体拝領。神は一度だけ受肉したのではない。毎日物質のかたちをとり、みずからを人間に与え、食べ尽くされている。これと相補うようなかたちで、人間は疲労と不幸と死をとおして、神によって物質化され、食べ尽くされている。この相補性をどうして拒むことができよう。

*

キリストはその神性を脱ぎ捨てた〔ピリピ書二・七〕。われわれは、もって生まれたいつわりの神性を自分自身のなかから汲み出さねばならない。
いったん自分が無であることを理解したら、すべての努力は無になることを目指す。この終局に向かって、われわれは諦念をもって苦しみ、行動し、祈るのである。

どうか神の恵みによって無になれるように。
私が無になるにつれて、神は私をとおして自分自身を愛する。

＊

低いところにあるものは高いところにあるものに似ている。だから隷属は神に対する従順の似姿《イマージュ》であり、屈従は謙遜の似姿であり、肉体的にやむにやまれぬことは恩寵のあらがいがたいながしの似姿であり、聖人たちの毎日毎日の自己放棄は、犯罪者や売春婦が時間を一寸刻みにすることに似かようのである。

それゆえ、似姿としてはいちばん低いものをさがし求めなければならない。

高いものが高きに向かうことができるために、どうか、われわれのなかで低いところにあるものが低きに向かうように。それというのも、われわれはさかさまになっているからだ。われわれはそんな状態で生まれている。正常な姿をとりもどすこと、それは、われわれのなかにある創られたものを創られるまえの姿にもどすことである。

＊

客観的なものと主観的なものとの転倒。

肯定的なものと否定的なものとのあいだにも同じような転倒が見られる。それは『ウパニシャッド』哲学の意味するところでもある。

われわれは、さかさまに生まれ生きている。なぜならば、罪のなかに生まれ生きているが、罪は順序をさかさまにすることにほかならないからである。まず手はじめに行なうべきことはもとどおりにすることである。

回心《コンヴェルション》。

*

一粒の麦がもし死ななければ……それは内蔵するエネルギーを解放して、別のさまざまな組み合わせをつくるために死ななければならない。

同じように、われわれも死ななければならない。こびりついているエネルギーを解き放って、事物の真の関係を理解することができるような自由なエネルギーを所有するために。

*

ごく些細な行動を実行する場合、私はしばしばこの上もない困難を味わう。それは私に与えられる一つの恩恵である。なぜならば、それだからこそ人目をひかないありふれた行為によって、木の根を切ることができるからだ。どんなに世間の思惑に対して無頓着であっても、並みはずれた行為には刺激になるものが含まれていて、それを取り除くことはできない。この刺激物はありふれた行為には皆無である。ありふれた行為を行なうのに並みはずれた困難を見出すことは一つの恩恵であり、それには感謝しなければならない。この困難の消滅を求めてはならない。恩寵によってそれが善用できるように願うべきである。

さらに一歩すすんで、自分のかずかずの不運が一つでも消滅することを願わず、むしろそうした不運を変貌させる恩寵を希求しなければならない。

＊

肉体的な苦しみ（および窮乏）は、勇気ある人びとにとって、しばしば忍耐と精神力の試金石になる。しかしもっとよい使いみちもある。そこで、私の場合にはどうか前述の試金石などにならないように。どうかそれが人間の悲惨《ミゼール》をはっきりと感じさせる証しであるように。どうか私がその苦しみを完全に受身の態度でこうむるように。どんなことが起ころうとも、どうして不幸が大きすぎるなどと思うことがありえよう。それというのも、不幸の咬み傷と、不幸によって余儀なくされる下落とによって、人間の悲惨《ミゼール》を認識することができるからであり、この認識こそあらゆる知恵への入口なのだから。

しかし、楽しみ、幸福、繁栄も、そのなかの外部から由来しているもの（偶然、周囲の事情など）をはっきり識別できればやはりある程度人間の悲惨《ミゼール》を証すものとなる。楽しみなどにはこのような用途を見出すべきである。そして、恩寵さえも、それがはっきりと感じられる現象であるかぎりは、同じように扱うこと……

全体のなかで自分が占めるべき真の位置を見出すためには、無にならなければならない。

＊

放棄はわれわれに、すべての親しい存在とすべての資産を現実に失った場合の苦悩に匹敵する苦悩をくぐり抜けることを要求する。ここでいうすべての資産のなかには、知力や学識、生まれながらの精神力や獲得された精神力、それになにが善いものであり、なにが安定したものであるかについての意見と所信なども含まれる。そしてこうしたものすべてをみずからすすんで捨ててはならない。それらを失うのでなければならない――ヨブのように。それに、このようにして対象から切りはなされたエネルギーが左右に揺れうごいているうちに浪費されて低下してしまってはならない。それゆえ、この苦悩は現実に不幸に陥った場合よりもいっそう深いものでなければならない。それを細分して時の歩みの上にばらまいてはならないし、それを希望の方向に向けることもしてはならない。

＊

愛の情念が植物的なエネルギーにまでなるとき、フェードルやアルノルフのような場合が生じる。
「こんな不幸が続くなら私はそのためにこがれ死にすることになるだろう……」[5]
イポリット[6]は、フェードルの生命にとって、まさに文字どおり食物よりもほんとうに必要である。
神の愛がこれほどまでに低いところまで浸透するためには、そのまえに本性がこれ以上はないほどの暴力をこうむる必要がある。ヨブ、十字架……

フェードルやアルノルフの愛は不純である。この二人の場合のような低いところまで降りて行きながらもなお純粋であるような愛……

われわれは無になり、植物の水準まで降りて行かなければならない。そのとき神が日々の糧となる。

＊

ある限定された瞬間――過去からも未来からも切りはなされた現在の瞬間――に自分自身の姿をみつめるならば、われわれは無辜《イノサン》である。その瞬間にわれわれは、われわれがそうであるところのものでしかありえない。それにひきかえ、すべての進歩はある持続を含む。われわれがこのような姿にあるということは、この瞬間において世界の秩序の枠内にある。

このように、ある瞬間を切りはなして考えることはゆるしを含む。ただしこの切りはなしは執着から脱け出すことである。

＊

人生には完全に裸で純粋な瞬間が二度しかない。誕生のときと、死のときと。人間のかたちをとった神を、その神性を穢さずに崇敬できるのは、生まれたばかりのときと死の苦悶を味わうときだけである。

死。過去も未来もないまたたく間の状態。永遠にはいるためになくてはならない入口。

＊

神が存在するという考えのなかに充ち溢れるよろこびを見出すならば、われわれ自身は存在していないのだという認識のなかに同じ充ち溢れるよろこびを見出すべきである。なぜなら、どちらも同じ考えかたなのだから。そしてこの認識は、苦しみと死を媒介としてはじめて感受性にまでひろがっていく。

＊

神のうちなるよろこび。神のうちには完全で限りないよろこびが実際にある。この完全で無限なよろこびに、私の参与はなにもつけ加えることはできず、私の非参与はそこからなに一つ取り除くことができない。してみれば、私がそれにあずかるべきかあずかるべきでないかは、どれほどの重要性をもちえよう。重要性などまったくないのである。

＊

自分の救いをひたすら求めている人びとは、神のうちなるよろこびの実在性をほんとうに信じてはいない。

*

霊魂の不滅を信じることは有害である。なぜなら霊魂がほんとうに形体を具えていないものであると思い描くことはできないからである。それゆえ、霊魂の不滅を信じることは、事実上、生命の延長を信じることにほかならず、死の効用を取り除くことになる。

*

神の現存。それは二通りに理解される。神は創造者である。それゆえ存在するすべてのもののなかに神は現存する――それらのものが存在するからには。一方、神が創られたものの協力を必要とする現存がある。それは、創造者としてではなく、霊としての神の現存である。第一の現存は、創造の現存である。第二の現存は遡創造の現存である（われわれの助けなしにわれわれを創ったおかたは、われわれの同意なしにわれわれを救うことはないであろう　アウグスティヌス）。

*

神はその姿を隠しながらでなければ創造することができなかった。さもないと、神だけしか存在しないことになるだろうから。

したがって、聖性もまた隠されていなければならない。ある程度、意識に対してさえも。それに一般世間のなかでも。

＊

存在と所有——人間は存在をもたない。いくらかの所有をもつだけである。人間の存在は幕のうしろで、超本性的なものの側に位置している。彼が自分自身について知りうるのは、周囲の事情によって一時的に貸し与えられたことがらにすぎない。「私」は私にとって（そして他人にとっても）隠されている。それは神の側にあり、神のうちにある。それは神なのである。傲慢であるということ、それは自分が神であることを忘れることである……幕、それは人間の悲惨《ミゼール》である。キリストの場合にも、一種の幕があった。

＊

ヨブについて。サタンが神に問う。「彼は報いを求める気持ちなしにあなたを愛しているでしょうか？」ここで問われているのは、愛の水準である。愛は、羊たち、麦畑、数多くの子供たちなどと同じ水準に位置しているのだろうか？　それとも、もっとはるか三次元の奥深いところ、あるいはその背後に位置しているのだろうか？　この愛がどんなに深くても、ある断絶のときが訪れて、くずおれることがある。そのときわれわれはかたちを変えられ、有限から無限へと拉し去られる。そのとき神に対する魂の愛が、魂のなかで超越的なものになる。これが魂の死である。肉体の死が魂の死に先立つ人に災いあれ。愛にみちみちていない魂は悪しき死を遂げる。そのような死がなぜ無差別に不意に訪れなければならないのだろうか？　どうしてもそうでなければならないのだ。どんなものも無差別に不意に訪れなければならないのである。

＊

外見は存在にぴったり付着している。両者を引き剝がすことができるのは苦痛だけである。存在を所有しているものはだれも外見を所有することができない。外見が存在を引きずっているのである。

時間の流れが存在から外見を、外見から存在を力づくで引きはなす。時間はこの結びつきが永遠でないことを明らかに示す。

＊

自分で自分の根を引き抜かなければならない。木を伐って十字架をつくり、日ごとにそれを担うこと。

＊

「私」であってはならない。いやそれ以上に、「われわれ」であってはならない。

都市《シテ》は自分の家にいるという感じを与える。

流謫の身にありながら、自分の家にいる感じをもつべきだ。

場所がないところに根をもたなければならない。

＊

社会的な意味でも、植物的な意味でも、自分で自分の根を抜くこと。

地上のどんな場所からも立ちのくこと。

そうしたことすべてを、外部から、他人に対して行なうのは、遡創造の代用品《エルザッツ》である。それは非実在的なものをまねき寄せることになる。

それにひきかえ、みずから自分の根を引き抜くことによって、人はより大きな実在を求めることになる。


【訳注】
（1）原語の décréation はシモーヌ・ヴェーユの造語。『ノート』のなかには、円周の最高点から出発した動点が最低点に達するまでを「創造」（création）になぞらえ、そこから再びもとの最高点にさかのぼるうごきを décréation とみなした断章がある。またかりに création を一つのヴェクトルになぞらえれば、décréation はそれと正反対の向き、すなわちさかのぼる方向をもつ同じ大きさのヴェクトルになぞらえてもよいように思われる。

（2）原語は destruction
（3）原語は force《déifuge》で「遠心力」（force centrifuge）をふまえている。
（4）原語 cocréateur
（5）モリエール『女房学校』第四幕、第一景のアルノルフのせりふ。
（6）ラシーヌ『フェードル』のなかの人物で、義理の母フェードルの恋の対象となる。

消え去ること

神が私に存在を与えたのは、私がそれを神に返すためである。それは、おとぎばなしや秘法伝授の物語によくあるおとしあなと同じたぐいの験《た》めしの一つのようである。私がこの贈物を受け容れると、それは悪しきもの、いのちにかかわるものとなる。この贈物の功徳はそれを拒むことによって明らかになる。神はその外側に私が生存することをゆるす。この許可を拒むのは私のなすべきことである。

謙遜、それは神の外側に生存することを拒むことである。もろもろの徳に君臨する徳である。

*

自我、それは罪と誤謬が神の光をさえぎって投げかける影にすぎない。この影を私は一つの存在だと思いこんでいる。

たとえ神のようになれるとしても、神に従順な泥であるほうがまさっているであろう。

＊

眼を閉じたまま鉛筆のさきでテーブルにさわるときの、私に対する鉛筆の役割――キリストに対してもこのような役割をもつこと。われわれは、神と、神からゆだねられた創造の部分との仲立ちになることができる。われわれをとおして神が自身の創造を認知するためには、われわれの同意が必要である。この同意のもとに神はあのふしぎなわざを行なう。私の眼のまえにあるこの机が神に見られるというたぐいない光栄に浴するためには、そのまえに私が自分自身の魂から身を引くすべを知っていれば十分であろう。われわれを創った神は、われわれが存在できるように身を引いたのだが、それと同じようにわれわれも身を引いて神のとおりみちをあけることに同意する。われわれのうちなるもののなかで神の愛に値するのはこの同意だけである。この二つの動作に含まれている意味は愛のほかはない。ちょうど、父親が子供になにがしかの小づかいを与えて、その子が父親の誕生日にプレゼントができるようにしてやるように。愛にほかならぬ神は、愛のほかにはなに一つ創らなかった。

＊

私が見たり、聞いたり、呼吸したり、さわったり、食べたりするもののすべて、私が出会う存在のすべて、私はそれらのすべてから神との結びつきを奪う。そして私のうちなるなにものかが「私」というかぎり、神からそれらすべてとの結びつきを奪うのである。

私はそれらすべてのためにも、神のためにもなにか役に立つことができる。それは、私が身を引いて差し向かい《テータテート》を邪魔しないことである。

人間として当然守るべき義務だけをきちんと果たすこと、それが私に身を引くすべを与える一つの条件である。それによって、私をその場に縛りつけている紐、私が身を引くことを妨げている紐がすこしずつ擦りきれてくる。

*

私は、神が私を愛する必然性を思い浮かべることができない。人間同士の場合でも私に対する愛情が思い違いにすぎないことがありうることを私ははっきりと感じているのだから。しかし、私のいまいる地点から創造を眺めたがっている神の姿は容易に思い浮かべることができる。それなのに私が遮蔽物になっているのだ。神がこの創造を見ることができるように私は身を引かねばならない。

たまたま私の進路に置かれ、しかも神の愛の対象となっている存在に神が近づけるよう、私は身を引かなければならない。私がそこに顔を出すことは、あたかも恋人同士や友だち同士のあいだに割りこむようなもので、差出がましいわざになる。私は、いいなずけを待っている娘ではなくて、婚約者たちのかたわらにいるわずらわしい第三者であり、彼らがほんとうにふたりきりになれるように立ち去らなければならない。私が姿を消すことをわきまえてさえいれば、私が踏みしめる大地や私が聴く海と神とのあいだに完全な愛の結びつきが生まれるだろう……

私のうちにあるエネルギーや天賦の才などがなんであろう。そうしたものに私はいつも飽き飽きしているから姿を消すのである。

*

「そして死は私の眼から光を奪い去ると同時に、この眼ゆえに穢されていた日の光にくまなく澄んだ清らかさをとりもどさせるでしょう。[1]」

私は姿を消したい。私の見ている事物がもはや私の見ているものでなくなることによって、完全に美しくなれるために。

*

この創られた世界がもう私に感じられなくなるようになどとはつゆほどものぞんでいない。むしろこの世界が感じられるのは私個人に対してでなくなるようにとのぞんでいるのである。私に対して、この世界はあまりにも高いところにあるその秘密をもらすことができない。私が立ち去れば、創り主と創られたものたちは互いに秘密を打ち明け合うであろう。

私がそこにいないときの風景をあるがままに見ること……

私がどこかにいれば、自分の呼吸と鼓動とで天と地のしじまを穢している。

【訳注】

（1） ラシーヌ『フェードル』第五幕、第七場のフェードルのせりふ。

必然性と従順

太陽は正しい人びとの上にも不正な人びとの上にも輝く……神は必然性になっている。必然性の両面。それが作用を及ぼす場合とそれを耐え忍ぶ場合と。太陽と十字架。

＊

必然性への服従に同意しながらも、もっぱら必然性をあやつることによって行動すべきである。

＊

従属、エネルギーの節約。そのおかげで、指図する人も従う人もどちらも英雄でなくても英雄的な行為がなしとげられる。

神の命令を受けることができるようになろう。

どんな場合に、誘惑に抗するたたかいが善に結びついているエネルギーを使い尽くすのだろう。またどんな場合に、このエネルギーの特性を向上させるだろう？

それは意志の役割と注意の役割とがそれぞれどのような重要性を占めるかによって左右されるはずだ。

＊

愛の力で、束縛を耐え忍ぶにふさわしいものとならなければならない。

＊

従順は至上の徳である。必然性を愛さなければならない。必然性は個人に関する場合は最も低いかたちのものである（束縛、強制、「つらい運命」）。宇宙の必然性によってそこから解放される。

＊

そのことが可能であるというただそれだけでそのことが必然になる場合がある。空腹のとき食べたり、水がすぐそばにあるとき、のどのかわいている瀕死の怪我人に水を与える行為などがそうである。山賊だってそうせずにはいられまい。もちろん聖人も。

類比的に、最初の一瞥ではそんなにはっきりわからない場合でも、可能性が必然性を含んでいる場合を識別しなければならない。そういう場合にかぎって行動し、ほかの場合には行動しないこと。

＊

柘榴のたね。(1) 人は神を愛するという言質を与えるのではない。自分自身の内部で自分自身にかかわりなく結ばれた約束に同意するのである。

＊

方正な行為を行なう場合には、どうしてもそうせずにはいられない行為だけを行なうこと。ただし、注意を正しい方向に向けて、どうしてもそうせずにはいられない行為の数を絶えずふやさなければならない。

＊

われわれの歩みは、抵抗できないほどつよく神にうながされるところまでにとどめて、それを越えた彼方には、たとえ善の方向にさえも一歩も踏み出してはならない。これは行動においてもことばにおいても思いにおいても守るべきことである。そのかわり、神のうながしがあればどこへでも、ぎりぎりのところ（十字架……）までもおもむく心がまえをもっていなければならない。極限にまでおもむく心がまえをもつこと、それはうながしをえるために、ただしどこへおもむくかは知らずに、祈ることである。

もし私の永遠の救いがある物体のかたちをとってこのテーブルの上にあり、手をのばしさえすればつかめるとしても、私は命令なしに手をさしのべることはしないであろう。

*

行為の結果から身を引きはなすこと。この因縁からのがれよう。どのようにして？
ある目的のためにではなく、ある必然によって行動するのである。私にはそのほかのことはできない。それは行為ではなくて一種の受動性である。働きかけない行為である。

*

ある意味で、奴隷はその一つの見本である（最低の場合、最高の場合……いずれにせよ同じ法則）。物質もまた一つの見本となる。
自分の行為の動因を自分自身の外部に移すこと。うながしを受けること。完全に純粋な動機（あるいはいちばんいやしい動機でもよい。いずれにせよ法則は同じ）は外部にあるもののように見える。

*

どんな行為も、その対象の面からではなく、推進力の面から考察すべきである。「どんな目的で？」ということではなく、「どこにみなもとを発するか？」が問題である。

「私は裸だったときにあなたたちが服をくれた」〔マタイ福音書二五・三六〕。このほどこしは、そのようにふるまった人びとのそのときの心境をあらわすしるしにすぎない。彼らは飢えていた人たちに食物を、裸でいた人たちに着物を与えずにはいられなかったのである。キリストのためにそうしたのではない。キリストのように他人の苦しみを分かち味わいたい気持ちが彼らの心のなかにあったからこそ、そうしないではいられなかったのである。聖人のニコラ[2]は同じく聖人のカシアン[3]と一緒に、ロシアの大草原を横切って神に会いに行ったが、途中で泥のなかに嵌り込んだ農夫の車を引き出すのを手伝ったため、やむをえず待ち合わせの時間に遅れてしまった。このように、ほとんど心ならずも行なわれた善、ほとんど恥じらいと悔恨の念をもって行なわれた善こそ純粋なのである。この上もなく純粋な善はすべて意志の制約をまったくまぬかれている。善は超越的である。神は「善」である。

*

「私が飢えていたとき、あなたは食べさせてくれた」「主よ、それはいつのことでしょうか?」〔マタイ福音書二五・三六―九〕彼らは知らなかった。このことは知るべきことではない。

キリストのために隣人を救ってはならない。キリストをとおして救うべきである。自我が姿を消し、われわれの魂と肉体を仲立ちとして、キリストが隣人を救うというかたちになるのがのぞましい。不幸に陥っている人に救いの手をさしのべるようにと主人に命令された奴隷のようにならねばならない。救いの手は主人からさしのべられるが、それは不幸な人を対象としているのである。キリストは父なる神のために苦しんだのではない。父なる神の意志によって、人びとのために苦しんだのである。

救いの手をさしのべる奴隷が、主人のためにそうしているのだとはいえない。彼はなにもしていないのである。たとえ不幸な人のところにおもむくのにはだしで釘の上を歩くとしても、彼は苦しい思いはするがなにもしていない。奴隷なのだから。

「われわれは役にたたない奴隷です」〔ルカ福音書一七・一〇〕ということは、われわれはなにもしなかった、ということにほかならない。

一般に、「神のために」というのはよくない表現である。神を与格《ダティフ》に置いてはならない。神のために隣人のところにおもむくのではいけない。射手によって放たれた矢が的に向かうように、神にうながされて隣人のほうにおもむくべきである。

＊

荒れ果てた土地とよく耕された畑との、問題と解答との、白紙と詩との、飢えた不幸な人と堪能した不幸な人との、仲立ちとなろう。

＊

あらゆるもののなかで、外部から、ただで、思いがけなく、天の恵みのように、求めもしなかったのに与えられるもの、それだけが純粋なよろこびをもたらす。同じように、ほんものの善は外部から与えられるもので、けっしてわれわれの努力によってもたらされるものではない。どんな場合にも自分よりよいものをこしらえることはできない。したがって、ほんとうに善に向けられた努力はそこに行きつくはずはないのである。長くむなしい緊張が絶望に終わり、もうなにもあてにしなくなっているとき、外部から、すばらしい贈物が不意にもたらされる。この努力はわれわれのうちにあるみせかけの充実感を一部分くずした。充実感よりもいっそう充実している神の真空が、われわれのうちに居を定めにやってきたのである。

*

神の御旨。どうしたらそれを知ることができるのか？　心を静寂のうちに保ち、すべての欲望とすべての意見に沈黙を命じ、愛情をこめ、全霊を傾けて、ことばもなく「御旨の行なわれんことを」と念じたあとで、これこそわれわれのなすべきことだと感じられること（たとえ、ある場合には、われわれが誤まりをおかすことがありうるとしても）、それが神の御旨である。神にパンを願って石が与えられるはずはないのである。

基準としての収束。ある一つの行為もしくは態度。そのために、はっきりした一点に収束するいくつかの動機を理性によって見つけることはできるが、しかも想像しうるあらゆる動機を超出《デパッセ》していることが感じられる行為もしくは態度。

*

超本性的なささやきが命じる場合は別として、祈りのなかでなにか特定のものを得ようと願ってはならない。なぜなら神は普遍的な存在であるから。なるほど彼は個人のうちに降りてくる。彼は創造の行為のなかに降りてきたし、いまも降りている。受肉、聖体、霊感等々のなかにも同じように降りている。だがそれは降りるうごきであって、けっして昇るうごきではない。神がうごくのであって、われわれがうごくのではない。われわれはこのような関係を神の命令なしに結ぶことはできない。われわれの役割は、普遍的なものの方向にいつも視線を向けていることである。

ベルジエ[4]は、相対的なものを絶対的なものに結びつけることの不可能性をめぐって難問を提起したが、その解法はおそらくここにあるであろう。上昇のうごきによっては不可能であるが、降りるうごきによれば可能なのだ。

＊

神があることがらを命じているかどうかを知ることは、けっしてできない。われわれが神に従順であろうと意図するとき、神を自己の無限の上方に位置させる場合は、どんなことをしてもわれわれは救われるし、自分自身の心を神と呼ぶ場合はどんなことをしても劫罰を受ける。まえの場合、われわれは自分のしたこと、していること、ないしはこれからすることが、善いことであるとはけっして考えない。

誘惑の効用。それは魂と時間の相互関係に左右される。行なおうと思えば行なえる悪を長い時間実行せずにみつめていることは、一種の化体[5]をもたらす。そのとき、限りのあるエネルギーを投入して抵抗すれば、そのエネルギーは一定の時間内に尽きてしまい、そうなると屈服することになる。

もしじっとうごかず注意を張りつめていれば誘惑のほうが精根尽きてしまう——そこでわれわれは上昇したエネルギーを回収することになる。

同様に実行可能の善を同じ態度で——すなわち、じっとうごかず注意を張りつめて——みつめていれば、やはりエネルギーの化体が起こり、そのおかげでこの善を行なうことができる。

エネルギーの化体は、善が対象となっている場合、どうしてもそれを行なわずにはいられないような瞬間がやってくることにある。

ここにも善と悪とを見分ける基準がある。

*

創られたものが完全な従順にたどりつくとき、その一つ一つが、世界における神の現存と認識とはたらきの、一つの、唯一の、かけがえのないあらわれとなる。

*

必然性。事物のほんとうの相互関係とわれわれ自身、それにわれわれが自分のうちにもっているさまざまな目的を、この相互関係をあらわす一つの項として含めたうえで、見とどけなければならない。その結果、行為は自然に生まれてくる。

*

従順、それには二通りある。重力に従うか、あるいは事物の相互関係に従うかである。第一の場合、われわれは真空を埋める想像力に導かれて行動する。この従順にはさまざまなレッテル、それも往々にしていかにもほんとうらしく見えるレッテルを貼ることができる。そのレッテルのなかには善や神も含まれる。真空を埋める想像力のはたらきをとめ、注意をものごとの相互関係の上に凝らすと、必然性が姿をあらわし、それに従わないではいられなくなる。そうなるまでのわれわれには必然性の観念も従順の感情もないのである。

そのごは、われわれは自分の行なっていることを自慢できなくなる。たとえ世にもふしぎなわざをなしとげようとも。

*

ブルターニュ出身の少年水夫が、どうしてそんなことができたかと問う新聞記者に答えていったことば。「ほかにしようがなかったのさ！」最も純粋な英雄的心情。これは低い階層の人びとのあいだにとりわけよく見かけられる。

従順は唯一の純粋な動因である。それだけが、行為の報いに対する期待をつゆほども内包せず、報いについての配慮はすべて父なる神にまかせてある。「隠れており、隠れたことを見とおす父なる神」〔マタイ福音書六・六〕に。

ただし、それは必然性に対する従順でなければならない。強制に対する服従（奴隷の服従のなかに見られるおそるべき真空）であってはならないのである。

＊

どんなに自分自身をほかの人びとやなにか大きな目的のために捧げようと、また、どんなひどい苦痛を耐え忍ぼうと、その行為が事物の相互関係についての明晰な観念と必然性とに対する従順にもとづいているならば、たとえその行為が骨の折れるものであっても、それを行なう決心は容易につくものである。そうするほかはないのである。そして、その結果どんなあともどりも、埋めるべきどんな真空も、どんな報酬への下心も、どんな怨恨も、どんな低下も生じない。

＊

行為は秤の指針である。指針にさわってはならない。おもりにさわるべきである。
世論についてもまったく同様。
このことを閑却すると、混乱や苦しみが生じる。

＊

『おろかな乙女たち』〔マタイ福音書二五・一―一三〕。このたとえ話は、選択しなければならないと意識するときは、すでに選択が――ある方向もしくは別の方向に――定められていることを意味する。これは、悪徳と美徳のあいだにはさまれたヘーラクレースにまつわる寓話よりもはるかに真相をついている。

＊

人間の内部の本性が、あらゆる肉の衝動と絶縁し、どんな超本性的な光もなしに、超本性的な光があった場合にそれが命じるであろうような行為を行なうとき、そこに充ち溢れるばかりの純粋さがある。これこそ受難の中心点である。

＊

神との正しい関係は、観想の場合は愛であり、行為の場合は隷属状態である。この区別を忘れてはならない。愛をもって観想し、一方では奴隷として行為しなければならない……

【訳注】

（1）デーメーテール（ギリシアの穀物および大地の生産物の女神）への『ホメーロス讃歌』によれば、冥界の王ハーデースはデーメーテールの娘ペルセポネーに恋し、地下にさらって行った。デーメーテールが娘をさがしているあいだ大地はみのらなかったので、ゼウスはハーデースにペルセポネーを帰すように命じたが、彼女は冥界で柘榴の実を食べたため、掟によって帰ることができなかった。そこでゼウスは、彼女が毎年三分の一はハーデースとともに、そのほかは神々とともに暮らすようにした。なおシモーヌ・ヴェーユが「柘榴のたね」といっているのは、福音書の「からしだね」のたとえを念頭に置いているからである。

（2） 四世紀リチア（小アジア）のミラの司教。子供とロシアの守護の聖人。

（3） 四世紀オータン（ソーヌ・エ・ロワール県）の司教であった聖カシアンを指すのであろうか？

（4） フッサール哲学の研究家ガストン・ベルジェを指すものと思われる。

（5） 原語 transsubstantiation 一般的には「一つの物質が他の物質に変化すること」であるが、神学的には、「パンと葡萄酒が、聖餐をとおして、イエス・キリストのからだと血に変化すること」を意味する。

錯 覚

人はあるものごとに向かって、それが善いものであると思っておもむく。そのうちにそれが必要になり、縛りつけられてそこからはなれられなくなる。

＊

感覚によってとらえられる事象は、感覚によって把握されるものとして見れば実在的である。しかしそれらを善いものとして見れば非実在的である。

＊

外見は充ち溢れるほどの実在性をもつ。ただしそれはあくまで外見として見た場合である。外見以外のものとして見れば、それは誤まりである。

この世界の事象に関する錯覚は、その事象の存在にではなく、価値にかかわりをもつ。洞窟の象喩《イマージュ》は価値と関係がある。われわれは善の模造品の影しか所有していない。われわれが虜囚のように鎖につながれているのも（執着）、やはり善にかかわりがある。われわれは、眼のまえにあらわれるいつわりの価値を受け容れる。そして、行動していると思いこんでいるが、じつはじっとうごかないのである。同じ価値体系のなかにとどまっているのだから。

＊

実際に行なわれていながら、しかも想像上のものでしかない行為。ある男が自殺をこころみ、危機を脱する。事後のほうが事前よりも執着から脱け出していない。彼の自殺は想像上のものだったのだ。自殺はおそらくいつもそうなのである。だから禁じられているのだ。

＊

時間は厳密にいえば存在しない（現在の範囲内では別として）のだが、しかもわれわれは時間に従属している。これが現状である。存在しないものに従属しているのである。受身の態度で耐え忍ばれた持続——肉体的苦痛、待たされること、無念さ、悔恨、恐怖など——であれ、あるいは操作された時間——命令、方法、必然性など——であれ、われわれが従属の対象としているものは存在しない。しかし従属は存在する。実在しない鎖によって実際に縛られているのである。実在しない時間がすべての事象にもわれわれ自身にも非実在性のベールをかけている。

＊

守銭奴にとっての財宝、それは善いものの模造品の影である。それは二重の意味で非実在的である。なぜなら、だいいち一つの手段（金銭）は、それ自体としては、一つの善いものとは別ものだから。しかし、それを手段としての機能からはなして、目的とする場合、なおさら一つの善いものであるどころではなくなる。

感覚が非実在的になるのは、価値判断に関係がある。事物がわれわれにとって非実在的になるのは、それらを価値としてみるときである。しかし、ある対象にいつわりの価値を付与すると、そのときもやはりこの対象の知覚から実在性が奪われる。なぜなら、その結果知覚が想像力のなかに溺れてしまうからである。

そんなわけで、完全に執着から脱け出すことによってのみ、こうした人目をあざむく価値の霧の奥に、ありのままの事物の姿を見ることができるのである。だからこそ、ヨブに世界の美が啓示されるまえに、潰瘍や動物の糞の混った寝藁が必要だったのだ。というのも、苦痛をともなわずに執着から脱け出すことはできないからである。そして執着から脱け出していなければ、どんな苦痛も、憎しみや誤魔化しなしに耐え忍ぶことはできないのである。

*

天空のそとに頭を出した魂は存在をむさぼり食う。
内側に残っている魂は世論をむさぼり食う。

*

必然性は本来想像上のものとは無縁である。

*

知覚における実在的なもの、そして知覚を夢と区別するもの、それは感覚ではない。感覚のなかに包まれた必然性である。

「どうしてほかのものでなくてこれなのだ？[1]」

「それはそのようにある。[2]」

精神生活のなかで、錯覚と真実を見分ける場合も同じようである。

知覚のなかの実在的なもの、そして知覚を夢と区別するもの、それは必然性である。

洞窟のなかにとどまって、眼を閉じたまま旅行を想像する人びとと、実際に旅行する人びととの差異。精神的な領域にも実在的な部分と想像的な部分とがあり、そこでも必然性が区別の役割を果たす。単なる苦しみだけでは区別の役目は果たせない。なぜなら想像上の苦しみもあるからである。

内的感情となると、これ以上あてにならないものはない。

＊

精神の領域でどうして実在的なものと想像上のものとを区別したらよいか？想像上の天国よりも実在の地獄のほうを選ぶべきである。

＊

より高い状態とより低い状態を区別するもの。それはより高い状態にはいくつかの面が重なり合って同時に存在することである。

＊

謙遜は、精神的な進歩のうちで想像上の進歩にすぎない部分を取り除くことを目的としている。実際よりもはるかに自分の進歩がおくれていると思いこんでも、なにも不都合なことはない。それでもやはり光はその効果を発揮する。光のみなもとは外部からの評価のなかにはないからである。実際よりもすすんでいると思いこむのはすこぶる不都合である。そのとき、外部からの評価がききめを発揮するからだ。

＊

実在的なものを見きわめる一つの基準。それはかたくてざらざらしていることである。そこに見出されるのはよろこびであって、楽しみではない。楽しいものは夢の世界に属している。

＊

想像することなしに愛するようにつとめよう。ありのままの外見を、解釈を加えずに愛さなければならない。そのときわれわれが愛しているのはほんとうに神である。

いったん絶対的な善を経て、われわれは錯覚を起こさせる局部的な善の諸相をふたたび見出す。ただし、それらは階級的に順位づけられていて、そのためある一つの相を求めるにしても、別の一つの相に対する配慮を妨げないような範囲内で求めることしかゆるされない。この順位はそのなかに包括される善の種々相を超越するものであり、絶対善の一つの映像である。

すでに論弁的理性は（さまざまな相互関係の理解）、善いものと悪しきものとを、限界のある、混ぜ合わされた、互いに重複し合うものとみなすことによって、偶像崇拝を消滅させることに役立ってきた。

善が悪に移行する点をそれと認めなければならない。「……であるかぎり」、「……の範囲で」、「……に関して」、等々。

比例算を越えたところまで行かなければならない。

＊

いつも、時間との一つの関係を考慮に入れなければならない。時間を所有しているという錯覚を清算しよう。受肉しなければならない。

人間は受肉という行為を行なわなければならない。なぜなら、彼は想像力によって霊肉が分離しているからである。われわれのうちにあってサタンから由来しているもの、それは想像力である。

＊

想像上の愛を治療する薬。神に対して、われわれのうちにあるぎりぎり最小限のもの、神に対してどうしても拒むことのできないものを与えること——そして、いつの日か、それもできるだけ早く、このぎりぎりの最小限が全体を占めるようになることをのぞむこと。

＊

転換。同じ低い心の傾き（たとえば他人に勝ちたいという欲望）を保ちながら、その心の傾きに高い目的を与えたからといって自分が高められると思いこむこと。

むしろ、低い目的に高い心の傾きを結びつけることによって、われわれは高められるであろう。

＊

あらゆるたぐいの情熱は驚嘆すべきことを含んでいる。賭けに熱中する人は、ほとんど聖人のように眠らずにいたり、断食することができる。また、虫の知らせがあったりする。

賭けに熱中する人が賭けを愛するように神を愛するのは非常に危険なことである。

＊

無限をどの水準に置くかに注意しなければならない。有限だけにふさわしいような水準に無限を置くとすれば、それに対する呼び名などはどうでもよいことになってしまう。

＊

私自身の比較的低い部分も神を愛さなければならない。しかし愛しすぎてはいけない。その対象が神でなくなってしまうであろうから。

空腹のときやのどがかわいているときのように愛することがのぞましい。最も高いものだけが十分に満たされる資格をもつ。

＊

十字架のヨハネの作品(3)における神に対するおそれ。人が自分にその資格がないのに神のことを考えることについてのおそれではないだろうか？　神についてまちがった考えかたをして、神を穢すことについてのおそれではないだろうか？　このおそれを経て、われわれの本性の低い部分は神から遠ざかる。

肉は、それが神を愛することを拒むかぎりにおいて危険である。しかし、肉がつつしみを欠いて神を愛することに口を出すのもやはり危険である。

＊

偏見を打ち破ろうとする意欲が、なぜ、偏見にとらわれていることの確かなしるしになるのだろう？　この意欲はある種の偏執から必然的に由来しており、偏見からのがれようとするためのまったくむなしい努力になっている。このような場合、注意力の光だけが効力を発揮する。ところがこの光は論争の意図とは相容れないものなのだ。

フロイトの学説はすっかり偏見のなかにつかっている。性的なものはよこしまであるという偏見を打破することをその使命と考える偏見のなかに。

性的エネルギーを生理的な基盤としながら愛と欲望の能力を神のほうに向ける神秘主義と、この能力を本性のおもむく方向に向けたままで、頭のなかでこしらえた目的をそれに付与し、その目的の上に神の名のレッテルを貼る似非神秘主義とのあいだには本質的な差異がある。この二つの行動――そのうち後者は放蕩よりもさらに程度の低いものであるが――それらを互いに識別するのはむつかしいが可能なことである。

＊

神と超本性的なものは宇宙のなかで隠されており、かたちをもたない。そのどちらも、魂のなかで隠されており、名をもたないのはよいことである。さもないと、神という名目で想像上のなにものかをつかんでしまうおそれがある（キリストに食物と着物を与えた人びとは、それがキリストだったことを知らなかった）。キリスト教以前のさまざまな秘教の意味がここにある。キリスト教（カトリックもプロテスタントも）は聖なることについて多くを語りすぎる。

＊

道徳と文学。われわれの実人生は、四分の三以上、想像と虚構とから成り立っている。善と悪とのほんとうの触れ合いはめったに見られない。

＊

われわれを神に近づけないような学問にはなんの価値もない。

しかし、もしその近づけかたがわるければ、つまり想像上の神に近づけるのであれば、もっとよくない……

＊

本性が機械的に私のうちで行なっていることを、私がその操り主であると思うのはよくないことである。しかし聖霊がその操り主だと思うのはもっとよくない。真理からいっそうへだたることになる。

＊

さまざまなタイプの相関関係と、一つのものからその反対のものへの通りみち。

偉大なもの（神も含めて）への全面的献身と、自分のうちにある低い本性をまったく気ままにさせておくことと。

自己と偉大なものとをへだてる無限の距離を観想すること、自己を偉大さの方便とすること。

どんな基準によってこうした相関関係を区別できるのだろうか？

基準はただ一つではないだろうか。すなわち悪しき相関関係は無限であるはずのないものを無限にしてしまう、ということ。

＊

聖性と天才とが最高のかたちであらわれた場合は例外だが、人びとのなかでほんものらしい印象を与えるものはかならずといってよいほどにせものであり、ほんものはかならずといってよいほどにせもののような印象を与える。

ほんとうのことを表現するには多くの労力を必要とする。それを受け容れる場合も同様。いつわりのこと、ないしはそこまでいかなくても表面的なこと、を表現し受け容れるには骨が折れない。ほんとうのことがすくなくともいつわりと同じくらいほんとうに見えるとき、そこに聖性もしくは天才の勝利がある。たとえば、アッシジのフランチェスコは、まるで通俗的で芝居がかった演説家と同じように聴衆を泣かせたのである。

＊

持続する時間――諸文明の場合は数世紀、個人の場合は数年ないし数十年――は不適なるものをふるい落とす一種の進化論的な作用をもつ。なにごとにも適しているものは永遠である。このような場合にかぎって経験と呼ばれているものが価値を発揮する。ところが、嘘はいわばよろいのようなもので、そのおかげで人間のうちにある不適なるものが、もしこのよろいがなければそれをほろぼすかもしれないような事件に耐えて生きのびることができる（たとえば、思いあがりが屈辱に耐えて生きのびる）。そしてこのよろいは不適なるものが危険から身を守るために分泌してできたもののようにみえる（屈辱を受けた場合、思いあがりが内面の嘘の皮を厚くする）。魂のなかでは食細胞作用のようなものがいとなまれている。時間の脅威を受けるものはすべて、死なずにすむように、死の危険の多寡に応じて嘘を分泌する。だからこそ、真理を愛するものは無条件に死を受け容れなければならないのである。キリストの十字架こそ認識に至る唯一の扉である。

＊

私が犯した罪の一つ一つを神の恵みと考えなければならない。私の内奥にひそみ隠れている本質的な欠点が、ある日、ある時刻、ある状況において、ある程度私の眼に明らかになるのはありがたいことである。私の欠点が私の眼のまえに、人間の思考のまなざしにとらえられるかぎりの全貌をあらわすようにと私はのぞみ、願っている。その欠点がなおるようにと思ってそうするのではない。むしろ、たとえそれがなおる見こみのないものであっても、私が真実のなかにあるようにと思ってそうするのだ。

＊

すべて価値のないものは光を避ける。現世では、人は肉の外装のもとに身を隠して光をよけることができる。死ねば、もうそうはできない。裸で光を浴びることになる。そのことが、個々の場合に応じて、あるものには地獄を、あるものには煉獄を、あるものには天国を意味するのである。

＊

善に近づけるような努力をまえにひかえた人を尻ごみさせるもの、それは肉に発する嫌悪である。ただし、それは努力をまえにした肉の嫌悪ではない。善をまえにした肉の嫌悪なのである。なぜなら、悪しきことのためには、誘因が十分につよければ、肉はそうしても死なないことを知ったうえで、なんでも受け容れるであろうから。死でさえも、悪しきことのために耐え忍ばれる場合は、魂の肉としての部分がほんとうに死ぬことにはならない。魂の肉としての部分のほんとうの死は、神に面と向かって相まみえることである。

だから、われわれは内心の真空を避ける。神がそこにしのびこむおそれがあるからだ。罪のもとになるのは快楽の追求や努力の忌避ではない。むしろ神をおそれることである。神に相まみえるためには死ななければならないことはだれでも知っている。しかも、だれも死にたくない。罪を犯せば、われわれは神との対面からきわめて効果的にまぬがれることもわかっている。快楽と苦痛のみが罪への欠かすことのできない軽いうながしとなり、とりわけ、それ以上に欠かすことのできない口実やアリバイとなる。不正な戦争に口実が必要であるように、罪のためにはまやかしの善いことを目あてにする必要がある。悪におもむくという考えには耐えられないからである。肉はわれわれを神から遠ざけるものではない。それは、神とわれわれのあいだをさえぎるために、われわれが自分たちのまえに張りめぐらしたベールである。

おそらくある点まで行ってはじめてそのようになるのであろう。洞窟の象喩《イマージュ》がそれを暗示しているように思われる。苦痛を与えるのはなによりもまずある方向への移動である。洞窟の入口に達すると、光がある。光は眼を眩ますばかりか、傷つけさえする。眼は光からそむけられる。

その瞬間から大罪(4)しか犯せなくなるというのが真相ではないだろうか？　光から身を避けるために肉の外装をまとうこと、これこそ大罪というものではないだろうか？　身の毛のよだつ考え。

癩病のほうがましだ。

＊

神が力づくで私を奪ってほしい。なぜなら、もしいま死が、私の肉の遮蔽物を取り去って私を神と対面させれば、私は逃げ出すだろうから。

【訳注】

（1） ボーマルシェ『フィガロの結婚』第五幕第三場のフィガロのせりふ。

（2）「われわれは必然的なものについて、『それはそのようにある』という。すなわちわれわれは必然性を、他のものによって制約されない自己関係と考えているのである」（ヘーゲル『小論理学』一四七節の補遺）。

（3）『カルメル山登攀』、『霊魂の暗夜』、『愛の活ける焔』などが邦訳されている（いずれもドン・ボスコ社刊）。

（4） カトリックの教義によれば「大罪」は、「重大なことがら、あるいは重大と思いこんだことがらについて、完全に意識し、かつ、承諾して、神に背くこと」と定義され、「小罪」は、「軽いことがらについて、あるいは重大なことがらについても、完全に意識せず、あるいは完全に承諾しないで、神の御旨にそむくこと」と定義されている。

偶像崇拝

絶対善を渇望しながら、超本性的な注意力をもたず、その注意力が生じてくるまでじっと我慢して待つこともできないとき、人は偶像崇拝におもむく。

*

偶像がないと、毎日ないしはほとんど連日、あてもなくあくせく働かなければならなくなることが多い。超本性的な糧なしにはできないわざだ。

それゆえ、偶像崇拝は、洞窟内での生活必需品である。どんなにすぐれた人たちでも、偶像崇拝に陥れば、知力も愛情も必然的に窮屈な枠のなかにはめ込まれてしまう。

*

人の考えというものは、情熱や、幻想や、疲労などの言いなりになって、変わりやすいものだ。

行動は毎日、それも一日に何時間も持続されなければならない。したがって、行動の動因として、考えの及ばないところ、つまりさまざまな関連性の及ばないところにあるものが必要になる。偶像。

*

すべての人間には自分の愛するもののために死ぬ心がまえがある。愛する対象の水準と、愛の集中度ないしは分散度に差異があるだけにすぎない。自分自身を愛するものは一人もいない。

人間はできればエゴイストになりたいのだが、なれないでいる。これが、人間の悲惨《ミゼール》のもっとも顕著な特性であると同時に、人間の偉大さの源泉でもある。

人間はいつもある秩序に献身する。ただし、超本性的な啓示を受ける場合はさておき、この秩序の中心になるのは自分自身かもしくは特定の人物やことがらである（ナポレオン麾下の兵士にとってのナポレオン、科学、党、等々）。これは透視画法のような秩序である。

*

われわれは謙遜を獲得するには及ばない。謙遜はわれわれのうちにある。ただしわれわれはにせの神々のまえでへりくだっている。

愛

愛はわれわれの悲惨《ミゼール》の一つのしるしである。神は自分自身しか愛することができない。われわれはなにかほかのものしか愛することができない。

＊

神がわれわれを愛しているから神を愛すべきである、ということではない。神がわれわれを愛しているから、われわれは自分自身を愛さなければならないのである。この動機がなければ、どうして自分自身を愛することができよう。

このようなまわりみちを経なければ、人間は自らを愛することができないのである。

＊

もし私が目かくしをされ、両手を鎖で杖につながれたとしたら、その杖は私を事物からへだてはするが、それを媒介として私は事物をさぐり知ることができる。私は杖しか感じることができない。知覚の対象となるのはまわりの壁だけである。創られたものの愛の能力についても同じことがいえる。超本性的な愛は創られたものにしか触れず、神にしかおもむかない。神は創られたもののみを愛する（われわれにとっても、そのほかに愛すべきものがあるだろうか?）、ただし、それらを仲立ちとして愛するのである。すべての創られたものを、仲立ちとして、平等に愛しており、そのなかには神自身も含まれている。他人を自分自身のように愛するためには、一方では自分自身をも他人のように愛することが必要である。

＊

神への愛は、よろこびと苦しみが同程度の感謝の念を生じさせるとき、純粋である。

＊

幸福な人がだれかを愛するということは、不幸に陥っている愛する人の苦しみを分かち味わいたいと思うことでなければならない。

不幸な人がだれかを愛するということは、愛する人がよろこびに包まれていることを知るだけで満足し、そのよろこびにはあずからず、またそれにあずかろうとのぞみさえしないことでなければならない。

プラトンの眼には、肉の愛は真の愛の低い表象として映っている。人間の純潔な愛（夫婦のあいだの信実）は真の愛の比較的低くない表象である。昇華という考えは、現代のこのおろかしい状況のなかではじめて浮かび上がることのできたしろものである。

*

『パイドロス』における愛。それは力をふるいもせず、こうむりもしない。そこには無類の純粋さがある。剣をつかむ場合、にぎりに触れるにせよ切先に触れるにせよ、同じ穢れをともなう[1]。愛している人にとっては、金属のつめたさは愛を奪うものではなく、むしろ神に見棄てられた感情をいだかせるものであろう。超本性的な愛は、力とはなんの触れ合いももたない。しかしそれは、その反面、魂のつめたさからも、鉄のひややかさからも保護しない。地上的な執着だけが、十分にエネルギーを含んでいさえすれば、鉄のひややかさから保護する力をもつ。よろいは剣と同様、鉄でできている。殺戮は、ひたすら純粋な愛によって愛している人の魂を凍らせる――彼が殺害者であるにせよ、被害者であるにせよ。そして、現実の死にまでは至らせなくても、およそ暴力的なものはなにごとにせよ、彼の魂を凍らせるのである。魂を傷つけるおそれのない愛をのぞむのだったら、神以外のなにかを愛さなければならない。

＊

愛はいつもますます遠くへおもむこうとする。しかし限界がある。その限界を越えると愛は憎しみに変わる。この移り変わりを避けるためには、愛が別のものになる必要がある。

＊

多くの人間たちのなかで、完全に見分けのつくのは、愛する人びとの存在だけである。

＊

自分以外の人間たちの存在それ自体を信じること、それが愛である。

＊

精神はなにものの存在を信じることも強制されていない（主観主義、絶対的理想主義、唯我論、懐疑主義。ウパニシャッド、道教主義者、プラトン等を参照すること。上述のいずれの場合にも、哲学する態度は浄化の手段として用いられている）。だからこそ、存在と接触をたもつ唯一の器官は、受容であり、愛なのである。だからこそ美と実在とが一致するのである。だからこそよろこびと実在の感覚とが一致するのである。

愛しているものの創り主でありたいという欲求、それは神を模倣したいという欲求である。だがそれはまやかしの神への傾きである。天の向こう側から見た模範に頼らないかぎり……

*

創られたものに対する純粋な愛。神のうちなる愛ではないが、あたかも火をくぐるように神を経過した愛。創られたものから完全に脱却して神のもとに昇り、そこから、神の創造的な愛と結びついてふたたび降りてくる愛。

こうして、人間的な愛を引き裂く二つの相反するものが結びつく。愛の対象をあるがままの姿で愛し、それを再創造しようとすること。

*

創られたものに対する想像上の愛。人はすべての執着の対象に紐で結びつけられている。それもつねに切れる可能性のある紐で。人はまた、想像上の神にも紐で結びつけられている。このような神に対する愛はやはり執着にすぎない。しかし、実在的な神には、人は執着の紐で結びつけられているのではない。それゆえ、切れる可能性のある紐など存在しないのである。神はわれわれのうちにはいってくる。われわれのうちにはいってくることのできるのは彼だけである。ほかのものごとはすべて外側にある。そうしたものごとについての知識は、せいぜいそれらのものごともしくはわれわれの側に変位のあったとき紐にあらわれる張り具合の変化——程度と方向における——に限られている。

＊

愛は実体を必要とする。肉体の外見をとおして、想像上の存在を愛していることにある日気づいたとすれば、それ以上に耐えがたいことがあるだろうか？　死よりもずっと耐えがたいことだ。なぜなら、死は、愛されていたものが存在していたという事実を否定するものではないから。

想像を愛の糧としていた罪に対する罰。

＊

芸術作品が与えてくれる慰め——芸術作品というものはそれが存在しているというだけでわれわれに力を添えてくれるものである——以外の慰めを愛する人びとから求めようとすること（あるいは彼らにそれを与えようとすること）は卑怯なわざである。愛すること、愛されること、それはお互いにこの存在をいっそう具体化し、いっそういつも念頭にあるようにすることにほかならない。だがこの存在は思いの源泉として念頭に据えられるべきである。思いの対象としてではない。理解されたいと思う気持ちに根拠があるのは、それがわれわれ自身のためのものではなく、われわれが他人のために生きることができるように、その気持ちが他人に向けられている場合である。

＊

われわれのうちのよこしまなものや凡庸なものは、どれも純粋さにさからうものであり、それらの生命を保つために、純粋さを穢すことを必要としている。

穢すこと、それは変化させることと、さわることとである。美しいものとは、それを変化させようと思うことのできないもののことである。なにかを意のままにあやつることは、穢すことである。所有することは穢すことである。

純粋に愛すること、それはへだたりを受け容れることである。自分自身と自分の愛するものとのあいだの距離をこよなく愛することである。

＊

想像力はいつもなにか一つの欲望に、すなわちなにか一つの価値に結びついている。対象のない欲望だけが想像力と無縁である。想像力によってくもらされていないものには、どれにも神が臨在している。美しいものはわれわれのうちにある欲望をとらえ、欲望の対象を取り除き、そのかわりに現実に存在する対象を与え、そのようにして欲望が未来に向かって突きすすんで行かないようにする。

これが純潔な愛の代価である。享楽への欲望はすべて未来のなかにある。錯覚の世界に属している。われわれが、ある人が存在することをのぞみさえすれば、その人が存在するのだとすれば、それ以上なにをのぞむことがあろう？　このように愛されている人は、ありのままであり、実在的であり、仮想の未来のベールでくもらされていない。守銭奴は自分の財宝を眺めるたびにきまってそれが数層倍にふくらんだ姿を想像する。事物の赤裸々な姿を見るためには、死の側にいなければならない。

　このように、愛というものは、欲望が未来に向けられているか向けられていないかによって、純潔でなかったり純潔であったりするのである。

　この意味において、死者に捧げられた愛は、未来を雛形にして考えられたにせの不滅に向けられていなければ、完全に純粋である。なぜなら、そのような愛は、あらたになにも与えることのできない、完了した生に対する欲望だからである。われわれはいまは亡き人が存在したことをのぞむ。そうすれば、その人は存在したのである。

*

　精神が原則でなくなると、目的でもなくなる。そうなると、あらゆるかたちをとった集団的な「考えかた」と、魂の意味の喪失、魂に対する尊敬の喪失とが緊密に結びつくようになる。魂、それはそれ自体価値をもつものとして見られた人間存在である。一人の女性の魂を愛するということは、その女性を自分の快楽その他の要素と関係あるものとして考えないことである。愛は、その対象を観想することができなくなると、所有しようとする（プラトニックな愛†の消滅）。

自分自身の眼で自分の姿をはっきりとらえるまえに、人から理解してもらおうとするのはまちがったことだ。それは友情のなかに不当な楽しみを求めることである。それは愛よりもいっそう堕落のもとになる。あなたは、魂を友情に売り渡すことになろう。

＊

友情を、というよりはむしろ友情の夢をしりぞけるすべを知るべきである。友情を欲しがるのは大きなまちがいだ。友情というものは、芸術や人生が与えるよろこびと同じように、たまものとして与えられるよろこびでなければならない。それを受けるにふさわしくなるためには、それを拒む必要がある。友情は恩寵の次元のものだ（「主よ、私から遠ざかってください……」）。友情は、余分に与えられるものの一つである。友情の夢はどれもこれも打ち砕かれなければならない。あなたがついぞ愛されたことがなかったのは偶然ではない……孤独からまぬかれようと思うのは卑怯である。友情は求められるものではないし、夢みられるものでも、欲求されるものでもない。それは実行されるものである（それは一つの徳である）。感情の不純で不明瞭な余白をすべてなくそう。くぎりをつけよう！

というよりもむしろ（自分自身のなかにあるものをあまりきびしく削り取ってはいけないから）、友情のなかで効果的な交換にふさわしくないものはすべて十分に吟味しなければならない。友情には人の気持ちをふるいたたせる力があり、それなしにすますことはまったく無益なことだ。きびしく禁ずべきこと、それは友情の与える感情的な楽しみを夢想することである。それは堕落の一種であるばかりか、音楽や絵画について夢想するのと同じくらいおろかなことだ。美は実在から引きはなすことのできないものであるが、それと同じように、友情もまた実在から引きはなすことのできないものである。友情は、美と同じく、一つの奇蹟である。そしてこの奇蹟は、ただ友情が存在するということにある。二十五歳にもなれば、もう思春期とはきっぱり縁をきるべきだ……

＊

どんな愛情にもおめおめと縛られてはならない。孤独を大切にすること。もしいつか真の愛情が与えられる日が到来したら、内面の孤独と友情のあいだには対立などないであろう。むしろ反対に、そのことが絶対確実なしるしとなって、あなたは友情を見分けることができるだろう。そのほかのさまざまな愛情はきびしく規律に従わせなければならない。

＊

同じことば（たとえば、夫が妻に、「愛している」という場合）が、その言いかたによって品位がなくきこえたり、非凡にきこえたりする。そしてこの言いかたは、そのことばが出てくる場所の深さに左右され、意志の力ではどうすることもできない。そして、ふしぎな共鳴作用が生じ、それを聴く人の同じ場所に直達する。こうして、聴く人に弁別力があれば、このことばの正確な意味を聞き分けることができる。

＊

恩恵をほどこすことがゆるされるのは、それが恩恵を受ける人にとって苦痛を上まわる屈辱となり、従属関係のいっそう深く、いっそう否定することのできない証拠になるからにほかならない。同じ理由から、感謝も義務づけられる。なぜなら、そこに受け容れた恩恵の効用があるからである。ただし、それは運命に対する従属であって、ある特定の人間に対する従属であってはならない。だからこそ、恩恵をほどこす人は、その行為のかげに完全に姿を隠さなければならないのである。そして感謝はかりそめにも愛着となってはならない。そうなれば犬の感謝になりさがるから。

＊

感謝はなによりもまず援助を与える人のなすべきことだ——もしその援助が純粋なものならば。援助を受けた人も感謝しなければならないが、それはただ相互性の要求をみたすためである。

＊

純粋な感謝の念を味わうためには（友情の場合は別として）私はつぎのように考える必要がある。すなわち、人が私によい待遇を与えているのは、憐れみや、同情や、気まぐれによるものではなく、恩恵もしくは特別待遇としてでもなく、また、気質の自然におもむくところによってでもなく、正義の命じることを行ないたいというその人の欲求によるものだと考える必要がある。したがって、私をこのように扱う人は、その人と同じ立場にあるすべての人びとが私と立場を同じくする人びとを同じように扱うことを願っている。

† ここでいうプラトニックな愛は、今日ふつうにその名で呼ばれているものとはなんのかかわりもない。それは想像力からではなく魂からほとばしるものである。純粋に精神的な観想である。本書の「美」と題した章を参照すること。

【訳注】

（1） シモーヌ・ヴェーユの『ノート』に繰り返し姿を見せる「剣の切先と柄」のイメージは、次のような禅の説話にもとづいている。「師が弟子に枝を切るように命じた。弟子は師にそのための刀を求めたところ、師は自分の刀の切先を弟子に向けてさし出した。弟子が柄のほうをと求めると、師は、なぜその必要があるのか？ と答えた。それをきいて弟子は悟った」（鈴木大拙『禅仏教論集』第二編（英文））。

悪

創造。善はこまぎれになって、悪のなかに散在している。

＊

悪には際限がない。しかしそれは無限ではない。無限のみが際限のないものに制限を加える。

＊

悪の単調さ。目新しいものはなにもない。なにもかもそこでは等質である。実在的なものもなに一つない。そこではすべてが想像上のものである。

単調だからこそ、量が大きな役割を果たす。大勢の女性をものにすること（ドン・ジュアン）とか、大勢の男性を惹きつけること（セリメーヌ[1]）など。人びとはまやかしの無限を求めることを余儀なくされている。これは地獄そのものにほかならない。

＊

悪、それは気ままにすることだ。だから単調なのである。なにもかも自分自身から引き出さねばならない。ところが人間には創造することはゆるされていないので、それは神を模倣するつたないくわだてになる。

創造することができないということを認めず受けつけないことから、多くの誤謬が生まれる。われわれにとっては創造の行為を真似ることが必要である。そして二通りの模倣が可能である――一方は実在的なもの、他方は外見的なものなのだが――保つことによる模倣と、こわすことによる模倣とである。

保つことのなかには「私」の影もかたちもない。こわすことのなかにはいくらかある。「私」はこわすことによって、世界のなかに痕跡をのこす。

＊

文学と道徳。想像上の悪はロマンチックで変化にとむ。実在の悪は陰鬱で、単調で、味気なく、退屈である。想像上の善は退屈である。実在の善はつねに新鮮で、非凡で、人の心を魅了する。したがって、「想像の文学」は退屈であるか、不道徳であるかのどちらか（もしくは両者の混淆）である。こうした二者択一からのがれるには、ある程度、芸術の力を借りて実在の側に踏み込まなければならない――それができるのは天才だけだ。

＊

ある種の低次の徳は善の表象のなかでも品位の低いものである。このような徳を行なった場合は後悔しなければならないのだが、悪を行なった場合よりも後悔しにくい。ファリサイ人と貢ぎとり。

＊

悪に相反するものとしての善は、すべて相反するものがそうであるように、ある意味では悪と等しい。

＊

悪によっておかされるもの、それは善ではない。なぜなら善はおかされることのないものだから。おかされるのは品位の低い善だけである。

＊

ある一つの悪の正反対は、けっして高い次元の善ではない。悪の上にすれすれに位置していることが多い。たとえば、盗みとブルジョワたちが私有財産に払う敬意、姦通と「貞淑な女」、貯蓄と浪費、嘘と「まごころ」。

＊

善は本質的に悪とは別ものである。悪は多種多様で断片的だが、善はひとつである。悪は表面から見とおせるが、善は底知れない。悪はさまざまな行動から成り立つ。善は非行動――働きかけない行動――から成る、等々。悪と同一平面上に置かれ、悪の正反対のものとしてとらえられた善は、刑法上の善である。このような低いかたちの善の上に、ある意味ではもっと悪に似た善が位置している。このことがあるので、多くの民衆煽動やつまらない逆説が可能になる。

悪を定義するやりかたで定義されるような善は否定されるべきである。ところで悪もそのような善を否定する。だが、不手ぎわに否定するのである。

＊

悪に献身する人びとのなかには互いに相容れないいくつかの悪徳が結びついているのだろうか？私はそうは思わない。悪徳は重力に従う。だから悪には深みと超越性がない。

＊

善はそれを実行しなければ体験されない。

悪はそれを実行することを自身に禁じることによってのみ、あるいは、もしそれを実行した場合は、それを後悔することによってのみ体験される。

悪を実行すると、悪の正体がわからなくなる。悪は光に背を向けるものだから。

＊

悪というものは、それを行なっていないときに思い浮かべられるような姿で存在するのだろうか？　人の行なう悪は、本性の命じるままにどうしてもそうしなければならないような、なにかしら単純なことのように見えないだろうか？　悪は錯覚と似ていないだろうか？　人は錯覚にとらわれていると、錯覚を錯覚として感じず、現実であるかのように感じる。同じことが、おそらく悪についてもいえよう。悪は、人がそのなかにはいりこんでいると、悪としては感じられず、むしろ必然性ないしは義務とさえ感じられるものである。

＊

人が悪を行なうと、すぐにそれは一種の義務のように見えてくる。大部分の人は、ある種の悪しきことの遂行を義務と感じ、そのほかの人びとは、善いことの実行を義務と感じている。同じ人間が、できるだけ高く売ることを義務と感じるかたわら、盗んではならないことも義務と感じている。このような人びとの場合、善は悪と同一平面上にある。それは光のない善である。

＊

苦しい思いをしている無辜の人の感受性は、いわば感じられた犯罪のようなものである。ほんとうの犯罪は感じられるものではない。苦しい思いをしている無辜の人は、刑の執行人についての真実を知っている。刑の執行人はそれを知らない。無辜の人が自分自身のうちに感じている悪は刑の執行人のうちにある。しかし刑の執行人はそれを感じていない。無辜の人は悪を苦しみのかたちでしか知ることができない。犯罪人のうちにあって感じられていないもの、それは犯罪である。無辜の人のうちにあって感じられていないもの、それは自分が無実であるということである。

地獄を感じることのできるのは無辜の人である。

*

われわれのうちにある罪はわれわれわれから抜け出して外部にひろがり、罪というかたちで伝染を惹き起こす。そんなわけで、いらいらしていると、まわりの人たちもいらだつ。さらにまた、目上の者から目下の者にうつる場合、怒りがおそれを生じさせる。しかし、完全に純粋な存在に触れると、変質が起こり、罪は苦しみに変わる。それがイザヤ書の義のしもべの役割であり、神の小羊の役割である。これが、贖罪の苦しみである。ローマ帝国のすべての罪ふかい暴力は、キリストに衝きあたって、キリストのうちで純粋な苦しみに変わった。それにひきかえ、悪い存在は、単なる苦しみ(たとえば病気)を罪に変える。

したがって、おそらく、贖罪の苦しみは当然社会をみなもととするものと考えられよう。それは人びとによって行なわれた不正、暴力に相違ない。

いつわりの神は苦しみを暴力に変える。まことの神は暴力を苦しみに変える。

＊

罪ほろぼしの苦しみは、われわれが行なった悪に対するお返しとしてこうむる衝撃である。罪をあがなう苦しみは、われわれがのぞむ純粋な善の影である。

＊

人を傷つける行為は、自分のうちにある下落を他人に転移させることである。だからわれわれは解放にでもおもむくように、そのような行為に心を傾けるのである。

＊

すべての犯罪というものは、犯人から被害者へ悪を転移することである。不倫の恋についても、殺人の場合と同じことである。

刑罰を与えるための道具は、何百年もまえから悪人たちの手に触れて悪に染まり、しかもその埋め合わせをする浄化作用がないので、処刑は往々にして受刑者に刑罰の道具の悪を転移させることになっている。受刑者がほんとうに罪を犯しており、刑が不当なものでない場合ですらそうである。

常習犯だけが刑罰の道具によって痛痒を感じない。無辜の人はひどい苦痛を味わう。

　悪がある人に転移してそこからよそに移るとき、その悪は減少するどころか、増加している。掛け算の理である。人間以外の事物に対して行なわれた悪が転移する場合も同じである。

　ではどこに悪を位置させたらよいのだろうか？

　自分自身の不純な部分から純粋な部分へと悪を移し、このようにして悪を純粋な苦しみに変えなければならない。自分のうちに潜在している犯罪による被害は、自分自身でこうむるべきだ。

　しかし、そうするだけで、どんな穢れも届かないところに位置している不変の純粋さに触れて、新しい息吹きを受けることを怠っていると、内心の純粋な部位もたちまち穢れてしまうであろう。

　苦しみを犯罪に変えないようにするのが忍耐である。それに、忍耐があれば、犯罪を苦しみに変えるに十分である。


　悪を外部の事物に移すこと、それは事物の相互関係をゆがめることになる。正確で限定されたもの、たとえば、数、比率、調和などは、このようなひずみに抵抗する。私が元気いっぱいであろうとくたびれていようとおかまいなしに、五キロメートル行くうちには、五つのキロメートル標がある。だから、苦しいときには数が苦痛を与える。数は転移の操作にさからうからである。私の心のなかの変化によってひずまされないような厳正なものを見据えること、それは私のうちに不安なるものの現われと、永遠なるものへの近づきを準備することになる。

＊

ほかの人からこうむった悪を、われわれが行なった悪に対する薬として受け容れるべきである。ほんとうに薬になるのは、自分自身で背負いこむ苦しみではなくて、外部からこうむる苦しみである。それどころかその苦しみが不当なものであることさえ必要なのだ。不当に罪を犯した場合、正当な苦しみを受けるだけでは足りない。不当な罰を耐え忍ばなければならないのである。

＊

純粋さというものは、それが純粋であるかぎりにおいて、傷つくようなことは絶対にないものである。どんな暴力もそれを不純にすることはできないのだから。しかし、その純粋さも、悪におそわれた場合はいつも苦しむ。また、どんな罪もそれに触れるとそのなかで苦しみになる。だから、その意味ではこの上もなく傷つきやすいものである。

＊

人が私につらい思いをさせたとしたら、そのつらい思いが私を下落させないようにのぞみたい。私を苦しめる人に対する愛の気持ちから。そうすれば、その人がほんとうに悪いことをしたのではなくなる。

＊

聖人たち（あるいは聖人の域に迫る人びと）はほかの人たちよりも悪魔の誘惑にさらされている。

なぜなら、彼らは自分たちのみじめさの実相をよく知っているだけに、光がほとんど耐えがたいものに思われるからである。

＊

聖霊に対する罪は、あることがらが善いものであると知りつつ、善いものだからこそそれを憎むことにある。まったく同じようなことが、善に向かってすすむたびごとに、抵抗のかたちで経験される。というのは、善に近づくと、どうしても悪と善とのへだたりが認識されるようになり、善に同化するための苦しい努力が始まるからである。それは苦痛をともなうことであり、おそろしいことである。このおそれは善との接触が現実のものであることを示すしるしであろう。この接触にともなう罪が生じるのは、希望がないためにへだたりの認識が耐えがたいものになり、苦痛が憎しみに変わる場合にかぎられる。この点では、希望が一つの救済手段になる。だが、もっとよい救済手段は、自己に無関心になることであり、また、善からの遠いへだたりを感じながらも、いやそれどころか、善から無限に遠くへだたる運命が予想される場合でさえも、善が善であることを幸せに思うことである。

＊

いったん純粋な善がほんのすこしでも魂のなかにはいると、どんなに大きな、どんなに罪ぶかい弱点でも、いちばん些細な裏切り――単なる思考の内部で起こるほんの束の間のうごきにすぎないとしても、同意された裏切り——よりもずっと危険でなくなる。このように同意された裏切りは地獄への参与である。魂が純粋な善を味わっていないあいだは、天国からはなれているが、地獄からもはなれているのである。

救いに対する執着があればこそ、場合によっては地獄を選ぶことも可能になるのである。神のよろこびを求めず、むしろ神のうちにほんとうによろこびのあることを知って満足に思う人は、地獄に堕ちることはあるが、裏切りはしない。

＊

われわれが悪それ自体をとおして神を愛するとき、愛しているのは、ほんとうに神なのである。

＊

悪それ自体をとおして神を愛すべきである。われわれの憎む悪をとおして、その悪を憎みつつ、神を愛さなければならない。われわれが憎んでいる悪のつくり主としての神を愛すること。

悪と愛との関係は、秘義《ミステール》と理解力との関係に等しい。秘義が信徳に超本性的な力をそなえることを強いるように、悪も愛徳に対して同じことを強いる。それに、悪の埋め合わせや正当化を見つけようとするこころみは、秘義の内容を人間の理解力の面に陳列しようとするこころみ同様、愛徳を損うものである。

＊

『カラマーゾフの兄弟』のなかのイワンのせりふ。「この巨大な塔の構築がどれほどすばらしい結果をもたらすとしても、それが一人の子供の一滴の泪にも値しないとしたら、そんな塔を築くのはおことわりだ。」

私はこの考えかたに全面的に同意する。一人の子供の泪をつぐなうものとしてどんな理由が設けられるとしても、私はこの泪を容認できない。人間の知恵で思い浮かべられるような理由であれば、どんな理由にせよ絶対に否である。ただ一つ例外がある。ただしそれは超本性的な愛によってのみ理解しうるものであるが、それは「神の御旨だから」という理由である。そしてこの理由のためだったら、私は子供の泪ばかりか、悪にすぎないような世界さえも容認するであろう。

＊

死の苦悶はいまわのきわの暗夜であり、完徳に達した人たちでさえも、絶対の純粋さにたどりつくためにそれを必要とする。そのためには、苦しみが耐えがたいものであるほうがよい。

＊

非実在性は善から善そのものを奪う。そのことが悪を構成する。悪、それはつねに、善がほんとうに内在している、触知しうる事物を破壊することである。この内在を知らない人びとによって悪は成就されるのである。この意味では、みずからすすんで性悪になる人は一人もいないといえる。力の相互関係が、眼のまえにないものに眼のまえにあるものを破壊する能力を与える。

人間が行ないうる悪、こうむりうる悪のひろがりを、恐怖の念なしに眺めることはできない。

この悪の埋め合わせを見つけることができるなどとどうして思えよう。なぜならこの悪のために、神は十字架の責苦を受けたのだから。

＊

善と悪。実在性。人びとやものごとに、よりいっそうの実在性を与えるのが善であり、実在性を奪うのが悪である。

ローマ人たちがギリシアの都市から立像を奪ったのは悪しきことであった。なぜなら、ギリシア人たちの都市、神殿、生活は立像がなくなると実在性を減じたからであり、また、ローマに持ち去られた立像はギリシアにあったときと同じような実在性をもちえなかったからである。

ギリシア人たちは、いくつかの立像を保ちのこすために、のぞみのないへりくだった懇願を行なった。自分自身の価値観を他人の心のなかで通用させようとするむなしいこころみ。このように解釈すれば、このくわだてにはすこしも低劣なところはない。しかし、効果のないものになることはほとんど必定である。他人の価値体系と自分の体系とを同じ秤の上ではかり、理解しなければならない。その秤を鍛造《つく》ること。

想像力を悪しきもののなかにいつまでもあそばせておくことは、一種の卑怯を意味する。人は非実在的なものをとおして、たのしみ、知り、生長しようと期待するものだ。

＊

ある種のことがらを可能であると考えながら、そのことがらのなかに想像力をあそばせること（これはそのことがらの可能性をはっきりと考えること――それは徳には欠かすことのできないことである――とはまったく異なる）さえ、すでにかかり合いになることである。そのみなもとは好奇心である。ある種の考えをつつしまなければならない（そのような考えを思いつくことではなく、そのような考えのまわりで遅疑逡巡することをつつしむのだ）。つまり思いめぐらしてはいけないのである。考えただけでかかり合いになるようなことはないと人は思っているが、人をかかり合いにするのは考えることだけなのだ。気ままに考えることのなかには、あらゆるかたちの気ままが含まれているのである。思いめぐらさないこと、それがこの上もない能力なのだ。純粋さ――消極的な徳。われわれが想像力をなにか悪いことがらのなかにあそばせたあとで、そのことがらをことばと行ないによって実践している人びとに出会い、その人びとと社会的な交じわりをもつようになり、その結果、社会がその人びととわれわれのあいだに設けていた仕切りを取り除くようになれば、われわれはもうほとんど万事休すだ。そしてこれほどたやすいことがあろうか？　どこにも断絶点はない。溝が見えたときは、もうそれを越えているのだ。善の場合は、正反対である。溝は越えるまえにすでに見えていて、人は引き抜かれ、引き裂かれる瞬間を味わっている。人は善のなかには落ちない。「低さ」ということばが、悪の特性を表現している。

＊

たとえ実際に行なわれたものであっても、悪には非実在的な性格がつきまとう。犯罪者たちが単純なのはおそらくそのせいであろう。夢のなかではすべてが単純である。この単純さは最高の徳の単純さと対《つい》になっている。

＊

悪は浄化されなければならない――さもないと生きていくことができなくなる。悪を浄化することのできるのは神だけである。それが『ギーター』(2)のなかに見られる考えかただ。モーセもマホメットも、そう考えた。そしてヒトラーも……

しかし、エホバ、アラー、ヒトラーは地上の神々である。彼らのもたらす浄化は想像上のものである。

＊

悪と本質的に異なるもの、それは悪の可能性と、善のような外見を呈する悪とをはっきり知覚できる力をそなえた徳である。捨て去りはしたもののまだ念頭にのこっている錯覚の現存、それがおそらく真理を見分ける基準になろう。

他人に痛い思いをさせることに嫌悪を感じるのは、他人がもうわれわれに痛い思いをさせることができないような時点に行きついたときだけである（そのときわれわれは他人を、過去の自分自身のように、限界まで愛する）。

＊

人間の悲惨《ミゼール》を観想していると、人は神のほうにねじ向けられる。人が人間の悲惨を観想できるのは、それが自分自身のように愛している者のなかにある場合だけである。自分自身の悲惨も、「他人」としてのほかの人のなかにある悲惨も、観想できないものである。

＊

人びとをおそう極度の不幸は、人間の悲惨《ミゼール》を創り出しはしない。ただその蔽いをとって見せるだけである。

罪と、力の威信。全身全霊をかたむけても人間の悲惨を知ることも受け容れることもできなかったので、われわれは人びとのあいだに優劣があると思いこみ、そのため、他人とのあいだに区別を設けたり、ほかの人びとのうちのだれかれを依怙贔屓したりして、公平を欠くようになる。

このような事態はつぎのことを知らないことから生じる。すなわち、人間の悲惨は一定の量をもち、それ以上削ることのできないもので、一人一人の人間のなかで、その最大値を示していること、また偉大さのみなもとは唯一者である神だけにあり、したがって、一人の人間と他の人間のあいだには同一性があることを。

＊

不幸が人の品性を高めないことにはおどろかされる。それというのも、われわれが不幸な人のことを考えるときには、その人の不幸について考えているからである。ところが不幸な人は自分の不幸のことを考えない。彼は、自分の不幸を軽減するものを渇望しているので、たとえそれがどんなにとるに足りないものであっても、それによって彼の魂はいっぱいになるのである。

＊

どのようにしたら世界に悪がなくなるだろう？　世界がわれわれの欲望に無関係でなければならない。もし世界が欲望に無関係でしかも悪を含まないとすれば、そのときは、われわれの欲望が完全に悪しきものだということになろう。そんなことになってはならない。

＊

創られたものと神とのあいだにはあらゆる段階のへだたりがある。そのうちの一つは、神を愛することができないようなへだたりである。物質、植物、動物。そこでは悪はすっかり出来上がっているので、それ自体崩壊して行く。もう悪はなくなる。罪の穢れを知らない神の特性がそこに映し出される。われわれは愛がどうにかこうにか可能な地点にいる。これは大きな特典である。なぜなら、結び合わせる愛のつよさは、へだたりと比例しているから。

神の創った世界は、可能なかぎりの最良のものではなかったが、あらゆる段階の善と悪とを含んでいる。われわれは、世界のいちばんわりのよくない地点に位置している。というのは、この点を下まわる段階では、悪いことをしても罪にならないのだから。

【訳注】

（1）モリエール『孤客』の登場人物。

（2）『バガヴァッド・ギーター』、古代インドの聖典。シモーヌ・ヴェーユは一九四〇年の春それを読み深く感動している。『神を待ちのぞむ』（春秋社、二〇〇九年）四五ページ参照。

不幸

苦しみ、人間の神に対する優越。この優越が人をつまずかせないようにするためには、受肉が必要であった。

＊

私の苦しみが役に立つからそれを愛するというのであってはならない。苦しみがあ**る**から愛するのでなければならない。

＊

苦しいことを受け容れること。受け容れるという行為が苦悩にはねかえって、苦しさを軽減してはならない。この点に注意しないと受け容れるという行為が、それにともなって効力と純粋さを減じてしまう。なぜなら、受け容れるという行為の目的は、苦しいことを苦しいこととして味わうことであり、それ以外のことではないから。イワン・カラマーゾフに倣って、ただ一人の子供のただ一滴の泪に見合うものはなに一つない、というべきだ。とはいえ、あらゆる泪を、そして泪よりも苦い無数のおぞましいことがらを受け容れなければならない。なにかしら埋め合わせになるものが含まれているからといって受け容れるのではなく、それらのことがら自体を、それらがあるということだけで、受け容れるべきである。

＊

現世に不幸がなければ、われわれは天国にいると思いこむことになろう。

＊

地獄についての二通りの考えかた。通常の考えかた（慰めのない苦しみ）。私の考えかた（いつわりの至福、誤って天国にいると思いこむこと）。

＊

肉体的な苦痛がよりいっそう純粋であること〔ティボン〕。だからこそ、民衆によりいっそう高い品位がある。

＊

つとめて苦しまないようにしたり、苦しみを軽減しようとしたりしてはならない。むしろ苦しみによって変わらないようにつとめるべきである。

＊

キリスト教のこの上もない偉大さは、苦しみに対する超本性的な救済手段を求めず、苦しみの超本性的な効用を求めることに由来する。

＊

できるだけ不幸を避けるようにつとめなければならない。自分の出会う不幸が完全に純粋で完全ににがいものであるために。

＊

よろこびは、充ち溢れる実在性の意識である。

しかし、実在性の意識を保持しながら苦しむほうがそれよりもまさっている。悪夢のなかに沈みこむことなく苦しむこと。苦痛が、ある意味ではまったく外面的なものに、別の意味ではまったく内面的なものになることがのぞましい。そのためには、苦痛は感受性の対象となるものだけに限定されなければならない。そうであれば、苦痛は（魂の霊的な部分の外側にあるので）外面的であり、（全面的にわれわれ自身に凝集していて、宇宙にはねかえってそれを変化させることがないので）

内面的でもある。

*

不幸は、人がありえないと思っていることを現実として認めるように強いる。

*

不幸。時間は考える存在を、いやおうなしに、彼が耐え忍ぶことのできないもの、しかもきっとやってくるもののほうへと運んで行く。「この盃を私から遠ざけてください」〔ルカ福音書二二・四二〕。流れて行く一秒一秒が、世界のなかのある存在を、耐え忍ぶことのできないなにものかの方向に引きずって行く。

*

不幸もある点まで行くと、もう耐え忍ぶこともできず、その点を持続することも、そこから解放されることもできなくなる。

*

苦しみは、過去と未来との関係を除いては、なにものでもない。しかし、人間にとってこの関係よりも実在的なものがあろうか？　それは実在性そのものである。

未来。人はそれが絶対にやってこないことに気づくまでは、明日やってくるだろうと思っている。二通りの考えかたが不幸の重みをいくらか取り除く。一つは、不幸がほとんどすぐになくなるだろうという考えかた、もう一つは、不幸がけっしてなくならないだろうという考えかた。不幸をありえないこと、もしくは必然的なことと考えることはできるが、ただ単に存在するものと考えることはできない。そのように考えることには耐えられないのである。

「それは不可能だ。」不可能なこと、それは不幸が持続しているような未来を考えることである。未来に向かう思考の自然の飛躍がはばまれる。われわれのなかにある時間の感覚が引き裂かれる。「一月ののち、一年ののち、二人はどれほど苦しむことでしょう？[1]」

＊

過去も未来も考えることに耐えられない人。その人は物質にまで低められている。ルノー工場の白系ロシア人たち。[2] あのようにして人は物質のように服従するすべを知る。しかし、おそらく彼らは安直に手にはいるまやかしの過去と未来を自分たちのためにこしらえているのであろう。

＊

犯罪人や売春婦たちが時間を一寸刻みにしていること。奴隷の場合も同じ。したがってそれは不幸のしるしである。

時間は暴力をふるう。それだけが暴力なのだ。「別の人がおまえを帯で締めつけ、おまえの行きたくないところに連れて行くであろう」〔ヨハネ福音書二一・一八〕。時間は人の行きたくないところに人を連れて行く。私が死刑の宣告をうけたとしても、もし途中で時間が止まれば、処刑されないだろう。たとえどんなにおそろしいことが起ころうとも、われわれは時間が停止し、星が歩みを止めて欲しいなどと思うことができるだろうか？　時間の暴力は魂を引き裂く。裂け目から永遠がはいってくる。

*

あらゆる問題は時間に帰着する。

極度の苦痛。方向のない時間。地獄への道もしくは天国への道。無期もしくは永遠。

*

対立し合うのはよろこびと苦痛とではない。よろこびのある種のものと、苦痛のある種のものとが対立し合うのである。地獄のよろこびと苦痛があり、心を癒すよろこびと苦痛があり、天のよろこびと苦痛がある。

*

本性からして、われわれは苦しみを避け、楽しみを求める。ただそれだけの理由でよろこびが善の似姿《イマージュ》として、苦痛が悪の似姿として用いられるのである。天国と地獄の絵もそれをもとにして描かれる。しかし、実際には、楽しみと苦痛とは切っても切れない一組なのである。

＊

苦しむこと、教えること、変えること。手ほどきを受ける人びとにとって必要なのは、なにかをおぼえることではない。彼らのうちに変化が生じて、教えを受けることができるようにならなければならないのだ。

パトスは苦しみ（とりわけ死に至る苦しみ）と同時に変化（とりわけ不滅の存在に変わること）を意味する。

＊

知恵の源泉としての苦しみと楽しみ、蛇はアダムとエヴァに知識を与えた。シレーヌたちはユリシーズに知識を与えた。こうした物語は魂が知識を楽しみのなかに求めているうちに自分を失うことを教えている。なぜ？　楽しみは、そのなかに知識を求めさえしなければ、おそらく罪のないものであろう。知識を求めてよいのは、苦しみのなかにだけである。

＊

人間のなかにある無限は、小さな鉄片の思いのままになる。それが人間の条件である。空間と時間とがその原因である。この鉄片に手でさわれば、人間のなかにある無限が突然切先の一点あるいは柄の一点にすぎないものになることは必定である。それも切り裂くような苦痛とひきかえに。存在全体が一瞬のあいだに傷つけられる。神を入れる余地はまったくなくなる。キリストの場合でさえそうだ。キリストの神についての想念はすくなくとも一種の喪失感にすぎないものになっている。受肉が成就されるためには、その境地にまで達しなければならない。存在がそのすみずみに至るまで神を喪失している。そのさきへはどうやってすすめるだろう？　あとは、よみがえりしかない。そこまで行きつくためには、抜身の鉄のひややかさに触れなければならない。

鉄に触れたら、自分がキリストのように神とはなれていることを感じなければならない。そうでないと、別の神を念頭に置いていることになる。殉教者たちは神とはなれているとは感じなかったが、彼らが念頭に置いていたのは別の神であった。それに、おそらく殉教者にならないほうがよかったのである。責苦や死のなかに殉教者たちが見出した神は、ローマ帝国が公式に採用してから皆殺しという手段によっておしつけたあの神に似ている。

＊

「世界にはなんの値うちもない。この人生にはなんの値うちもない」といいながら、その証拠に悪をもちだすのは無意味なことである。なぜなら、もしなんの値うちもなければ、悪はいったいそこからなにを奪うというのだろう？

　このように、充ち溢れるよろこびについてよく考えれば考えるほど、不幸に陥ったときの苦しみと他人の苦しみを分かち味わう気持ちはいっそう純粋になりいっそう深くなる。よろこびのない人から、苦しみはいったいなにを奪うことができよう？

　そしてもし人が充ち溢れるよろこびについて考えるならば、苦しみはさらによろこびに対して、飢えの食物に対する役割をもつようになる。

　苦しみのなかに実在性を見出すためには、あらかじめよろこびをとおして、実在性の啓示を受けていなければならない。さもなければ、人生は程度の差こそあれ、不愉快な夢にすぎなくなってしまう。

　なにもないからっぽな苦しみのうちにも、よりいっそう充実した実在性を見つけることができるようにならねばならない。

　同様に、死をよりいっそう愛することができるようになるために、深く生を愛さなければならない。

【訳注】

（1）「永遠にお別れいたしましょう。永遠に！　ああ、（……）このおそろしいことばは、恋する者にとってこの上ない苦しみです。一月のち、一年ののち、二人はどれほど苦しむことでしょう」（ラシーヌ『ベレニス』四幕五場、ベレニスのせりふ）。

（2）　シモーヌ・ヴェーユは一九三五年六月五日から七月三十一日までブーローニュ・ビランクールのルノー自動車工場で働いた。詳細は『シモーヌ・ヴェーユ著作集　第I巻』を参照のこと。

暴力

死は、人間に与えられたもののなかでいちばん貴重なものである。それゆえ、この上もない不敬といえば、死をないがしろに扱うことである。誤った死にかたをすること。つたない殺しかたをすること。（だが、どうすれば自殺と殺人のどちらからものがれることができるだろう？）死のつぎに大切なもの、愛。似たような問題——悪しき楽しみも、悪しき喪失もない。戦争とエロスとは人びとのあいだに錯覚と嘘をつくりだす二つの源泉である。二つを混ぜ合わせると、この上もなく不潔なことになる。

*

世界中の暴力を有効な無抵抗主義によって着々と置き換えていくようにつとめなければならない。

*

無抵抗主義は効果がなければ役に立たない。ある青年が自分の姉妹のことでガンジーに発した質問についても同じことがいえる。解答はつぎのようでなければなるまい。「暴力を用いなければ、用いた場合と同じくらいうまくきみの姉妹を守ることができない場合にかぎって、暴力を用いたまえ。きみが自分の筋肉に含まれたエネルギーと等しいエネルギー（すなわち厳密に物質的な意味での潜勢的な有効性）を自分自身から放散できない場合にかぎって、暴力を用いたまえ。」

無抵抗であることができるようになるよう努力しよう。

それはまた相手の如何にもよる。

＊

戦争の原因。ひとりひとりの人間、人間の集団の一つ一つがみずからを宇宙のあるじであり、所有者であると主張することを当然で正当なことのように感じている。しかし、この所有は誤解されている。それというのも――地上に生を享けた人間に可能な範囲で――それぞれ自分自身の肉体を媒介としてこの所有に近づけることが知られていないからである。

アレクサンドロス大王と地主百姓との関係は、ドン・ジュアンと幸せな夫の関係に等しい。

＊

戦争。自己のうちに、生命への愛を損われないかたちで保つこと。死を自分自身に受け容れずに他人に課することをけっしてしないこと。

あるだれかの生命が自分自身の生命と密接に結びつくあまり、二人の死が同時でなければならないほどであるような場合、それでも人はそのだれかが死ねばよいと思うだろうか？　全身全霊が生を渇望しながらも、うそいつわりなしに、「そうだ」と答えられるならば、そのとき人は殺す資格をもつ。

十字架

剣を手にするものはだれでも剣によってほろびるであろう。そして、剣を手にしない人（もしくはそれを手から放す人）は、十字架の上でほろびるであろう。

＊

キリストは、病人を癒やしたり、死者をよみがえらせたりしたが、それは彼の使命のあまり重要でない、人間的な、ほとんど低いともいえる部分である。超本性的な部分、それは血の汗、人間的な慰めを求めてやまない心情、苦しみをまぬがれたいという懇願、神に見棄てられたという感情である。

＊

十字架上の至上の瞬間においてキリストは神に見棄てられている。両者のあいだのなんという愛の深淵！

＊

「私の神よ、私の神よ、なぜ私を見棄てられたのか？」〔マタイ福音書二七・四六〕

このことばのなかにキリスト教が神にかかわりのあるなにものかであることを示すまことの証拠がある。

＊

義《ただ》しくあるためには、裸で、死んでいなければならない。それも想像を混じえずに。だからこそ、義の規範は、裸で、死んでいなければならなかった。十字架だけは、想像上の模倣を受けつけない。

＊

神に倣うことが単にことばだけのものになってしまわないために、模倣の対象となる義しい人が必要である。ただし、それは自分の意志の守備範囲内であってはならない。そのためには、われわれがその人を模倣したいと思えるようであってはならない。十字架を欲しいと思うことはできないものなのである。

禁欲的行為や英雄的行為なら、どんな段階のものをも欲することができよう。だが、十字架を欲することはできない。それは刑罰の苦しみなのだから。

磔刑をもっぱら捧げものとみなす人びとは、そのなかに含まれた救いの秘義と救いの苦味を見落としている。殉教を願うだけではあまりにも不十分なのだ。十字架は殉教を無限に上まわるものである。

それはもっとも混じり気のないにがい苦しみ、刑罰の苦しみである。このことがその正真正銘さを保証している。

*

十字架。原罪の木はほんものの樹であった。生命の木は材木であった。それには実がならない。ただ、まっすぐ上に昇る運動だけがある。「人の子は地上から上げられて、すべての人を彼のもとに引き寄せるであろう」〔ヨハネ福音書一二・三二〕。人はまっすぐ上に昇る運動だけを保ち残して、自己のうちの生命のエネルギーをほろぼすことができる。ただ上に昇ることだけをのぞむのなら、葉や実はエネルギーの浪費である。

*

アダムとエヴァは、生命のエネルギーのなかに神性を求めようとした。一本の樹、一つの果実のなかに。ところがわれわれに対して、神性は、幾何学的に四角に切り削られた、生命のない木、死体を吊るす木の上に用意された。われわれと神との親子関係の秘密は、われわれの死すべきさだめのなかに求めなければならない。

＊

神は、時間と空間の無限の厚みを横切り、魂にたどりつき魂をとりこにするために、精根を尽くす。たとえ稲妻一閃の間でも、魂が全面的な同意をもぎ取られようものなら、神はそれを征服してしまう。そして魂がすっかり神のものになると、神はそれを置きざりにする。魂はまったくひとりぼっちになる。そして今度は魂が、それも手さぐりで、愛するものを求めながら時間と空間の無限の厚みを横切って行かねばならない。このようにして、神の魂への道行きを魂は逆の方向にたどることになる。そして、それが十字架である。

＊

神が十字架につけられたのは、必然性と、空間と、時間に支配されている有限な人間たちが「考える存在」だからである。

有限な「考える存在」としての私がいわば十字架につけられた神であることを知らねばならない。

神に似るものとなるべきである。ただし、十字架につけられた神に。

必然性に縛られているかぎりでの全能の神に似るものとならねばならない。

＊

プロメテウス、人間たちを愛しすぎたとがで十字架につけられた神。イポリット、あまりにも純粋にすぎ、あまりにも神々に愛されすぎたために罰せられた人間。人間的なものと神的なものを近づけると、罰をまねく。

＊

われわれは神からいちばん遠い存在である。これ以上はなれたら神のところにもどるのは絶対に不可能になるようなぎりぎりの点にいる。われわれの存在のなかで、神は引き裂かれている。われわれは神の磔刑である。神のわれわれに対する愛は苦患である。どうして善が苦しむことなしに悪を愛することができよう？　そして悪もまた、善を愛することによって苦しむ。神と人間との相互の愛は苦しみである。

＊

われわれが自分自身と神とのへだたりを実感するためには、神が十字架にかけられた奴隷でなければならない。なぜならわれわれは低いほうへのへだたりしか実感しないからである。創り主である神の場に想像の上で身を置くことは、十字架につけられたキリストの場に身を置くことよりずっとやさしい。

＊

キリストの愛のひろがり、それは神と創られたものとのあいだのへだたりに等しい。

仲立ちの機能は、それ自体としては、まっぷたつに引き裂くはたらきを含んでいる……

それゆえ、人間のほうに神が降りてくるにしても、人間が神のほうへ昇るにしても、そこにまっぷたつの引き裂きを想定しないわけにはいかない。

＊

われわれは時間と空間の無限の厚みを横切らなければならない。そして神もわれわれのほうにやってくるためにはまずそうしなければならない。なぜなら最初にやってくるのは神なのだから。神と人間とのさまざまな関係のなかでもいちばん深いものは愛である。越えなければならないへだたりが大きいのと同じように、愛も大きいのである。

愛ができるだけ大きくなるためには、へだたりもできるだけ大きくなければならない。だからこそ悪は極限にまで羽をのばすことができるのだ。その極限というのは、それを越えると善の可能性さえも消滅するような点である。悪は自由にこの限界に触れてよいのだ。ときにはそれを越えるようにも見える。

これはある意味でライプニッツの考えの正反対だが、このほうがたしかに、神の偉大さに抵触しない。なぜならもし神があらゆる可能性のなかから最良のかたちでこの世界をつくったのだとしたら、神があまりたいしたことのできない存在だということになるだろうから。

＊

神はこの世界の厚みを横切ってわれわれのほうにやってくる。

＊

キリストの受難、それは正義の、どんな混ぜものの気配もない、完全なあらわれである。正義は本来はたらきかけぬものである。それは超越的なものであるか、苦しみをともなうものでなければならない。

キリストの受難は純粋に超本性的な正義であり、そこにはどんな救いもまったく感じられない。神の愛さえ、感覚に訴えるかたちでは、欠けている。

贖罪の苦しみは、苦しみの外被を剥ぎとり、それを純粋なかたちで生きとし生けるもののなかにはこびこむ苦しみである。それは生きとし生けるものを救う。

＊

神は、ミサ聖祭のパンの聖変化をとおして、一片のパンのなかに、すなわち、人間の感覚に感じられるもののなかに現存する。それと同じように、神は、贖罪の苦しみによって、十字架によって、極度の悪のなかにも現存する。

＊

人間のみじめさから神へ。ただし埋め合わせとか慰めとしてではなしに。相関関係として。

自分のほうに神を近づけるものをすべて恩恵とみなす人びとがある。私にとっては、神を遠ざけるすべてのものが恩恵である。私と神とのあいだには宇宙の厚みがあり――それに十字架の厚みが加わる。

＊

苦痛は、清浄《イノサンス》のまったくそとにあると同時に、それにまったく特有なものでもある。

雪の上の血。清浄と悪。悪それ自体が純粋でなければならない。悪は清浄な人の苦しみというかたちをとる場合にのみ純粋になりうる。清浄な人が苦しむとき、その人は悪の上に救いの光をひろげる。彼は清浄な神の、眼に見える似姿《イマージュ》である。それゆえ、人間を愛する神も、神を愛する人間も、苦しまなければならないのである。

幸福な清浄さ。これもまた限りなく貴重なものである。しかしそれは束の間の、もろい幸福である。偶然に左右される幸福である。リンゴの花のようなものだ。幸福は清浄にしっかりと結びついているものではないのである。

＊

清浄であること、それは全宇宙の重みを支えること。分銅を投げること。

＊

自分自身をからにすることによって、われわれは自らをとりまく宇宙の全圧力に身をさらす。

＊

神は人びとに、力強きものとして、あるいは完全なるものとして、みずからを与える——選択は人びとにまかされている。

秤と梃子

秤としての、梃子としての十字架。下降は上昇のための条件である。地上に降りてくる天は、地を天に上昇させる。

＊

梃子。上昇させたいと思うときには下降させなければならない。

「みずからへりくだる人は上げられる」〔ルカ福音書一四・一一〕と同様である。

恩寵の領域にもある種の必然性といくつかの法則がある。「地獄さえも法則をもつ」（ゲーテ(1)）。

天もまた。

＊

どんな任意性もどんな偶然性も受けつけない厳密な必然性が、物質界のもろもろの現象を規正している。それにくらべると、精神的な事象は、自由なものではあるけれども、そのなかの任意性と偶然性は、たとえありうるとしても、さらにいっそうすくないのである。

＊

「1」──数のなかの最小なるもの。「1、唯一のかしこきもの」〔ヘーラクレイトス〕。これこそ無限大なのである。増加する数は、無限大に近づくと思いこんでいる。それは無限大から遠ざかっているのである。高くなるためには低くならなければならない。

「1」が神であるとすれば「∞」は悪魔である。

＊

人間の悲惨《ミゼール》には、神の叡知の秘密が含まれている。楽しみには含まれていない。楽しみの追求は、どんなものにせよ、人工楽園の、酩酊の、膨脹の追求である。だがそれはむなしいものであるという経験を与えるだけで、そのほかのものはなにも与えない。われわれの限界と悲惨を観想することだけがわれわれをより高い面に上昇させる。

「みずからへりくだる人は上げられる」〔ルカ福音書一四・一一〕。

われわれのうちにある上昇のうごきは、それが下降のうごきから生ずるものでなければむなしいものである（というよりは、それ以下のものである）。

「(十字架ハキリストノ)カラダノ秤トナッタ」(statera facta corporis)[2]。正しい秤は十字架につけられたからだである。時間と空間のなかで、それが占めている一点に縮小されたからだである。

＊

審いてはならない。審くことのない天の父なる神のように。父なる神をとおしてのみ人びとは審かれる。すべての人びとが近寄ってくるにまかせよう。そして、彼らはみずから自分自身を審けばよいのだ。われわれは秤になるようにつとめよう。

そうすれば審かれないであろう。審かない真の審き主の似姿《イマージュ》になったのだから。

＊

全宇宙が頭上にずっしりとのしかかってくるとき、それに釣り合うおもりは神しかない——それもまことの神でなければならない。なぜなら、にせの神は、たとえほんものの名前をつけていても、この場合なんの用もなさないからである。悪は、限定されていないものという意味では無限である。物質も、空間も、時間も。このたぐいの無限にうちかつのは、真の無限だけである。だからこそ、十字架という秤の上にのせられた、かよわく軽いからだが——しかしそれは神であった——全世界の重みをつり上げたのである。「私に支点を与えてほしい。そうすれば世界をもち上げてみせる」[3]。

この支点が十字架である。このような支点は十字架を措いてほかにはありえない。この支点は世界（人類）と世界でないものとの交点に位置するべきである。十字架はこの交点である。

【訳注】

（1）『ファウスト』第一部、「書斎」の場面で、ファウストがメフィストフェレスに対していうことばの一部分。

（2）聖金曜日の晩課 Vexilla Regis（「王の旗」）の一節。

（3）アルキメデスのことば。

不可能なこと

人生は不可能である。だが、それを感じさせるのは不幸だけである。

＊

善が不可能であること。「善は悪をもたらし、悪は善をもたらす。そして、いつになったらけりがつくのだろうか？」

＊

善は不可能である。しかし、人間はいつも想像力を駆使して、個々の場合に、善が不可能であることを自分の眼に隠す（その出来ごとがわれわれをおしつぶすほどのものでない場合は、悪の一部分にベールをかけ、こしらえものの善をいくらか添えものにするだけで十分である——そして、ある人びとは、自分自身がおしつぶされても、そうすることができる）。そして、同時に「必然的なものの本質と善の本質とのはなはだしい懸隔」さえも自分の眼に隠し、善そのものにほかならない神――この善そのものは世界のどこにも見あたらないのだが――と真の出会いをもつことを避けている。

＊

欲望は不可能である。それはその目的を破壊する。愛し合う二人は一人になることはできないし、ナルシスも二人になることはできない。ドン・ジュアン、ナルシス。それというのも、なにものかを欲求することは不可能だからである。無を欲求しなければならない。

＊

生は不可能であり、不条理である。われわれが欲するものは一つ一つそれに結びついた条件や結果と矛盾する。われわれが提起する断定の一つ一つは相反する断定を含む。感情はすべて、反対の感情を混じえている。それというのも、われわれそのものが矛盾しているからである。すなわち、われわれは創られたものであると同時に神であり、しかも神とは無限に異なっているからである。

＊

われわれがすべてではないことは矛盾だけが証している。矛盾はわれわれの悲惨《ミゼール》である。そしてみじめさを意識することは実在性を意識することである。みじめさは、われわれがこしらえるものではないからだ。それは正真正銘のものである。だからそれを大切にしなければならない。ほかのものはすべて仮想のものである。

＊

不可能性は超本性的なるものへの扉である。人はそれを叩くことしかできない。あけるのは他の存在である。

＊

夢の世界から脱け出すためには不可能性に触れなければならない。夢の世界には不可能性はない。ただ無能力があるだけである。

「天にましますわれらの父。」このことばのなかには一種のユーモアがある。それはあなたがたの父なのだ。あの空の高みにその父をさがしに行くことをちょっとこころみたらどうか！　ところがわれわれは、みみずとまったく同じように、地面をはなれることができない。それに天の父としても、降りてこないかぎり、どうしてわれわれのところにくることができよう？　神と人間とを結ぶきずなとして、受肉以上に理解しにくい関係を思い浮かべることはとてもできない。受肉はこの理解しにくさを炸裂させる。天の父の不可能な降下をいちばん具体的なかたちであらわしたのが受肉である。したがって、どうしてそれが真実でないことがありえよう？

われわれが自分の手では結ぶことのできないきずな、それが超越的なものの存在を証している。

*

人間は、知る能力、志向する能力、愛する能力をそなえた存在である。そして、注意を知識や志向や愛の対象に向けると、そこには一つとして不可能でないものはないことがすぐにはっきりとわかる。このはっきりとした事実にベールをかけることのできるのは虚偽だけである。この不可能性を意識するとき、われわれは自分が欲求し、知り、志向するすべてのことをとおして、つかまえられないものをつかもうと絶えず欲求せずにはいられない。

*

あるものが、どんなに努力しても手にはいらないように見えるとき、それはその段階では越えられない限界があること、一つ上の段階に移る必要のあること、天井を突き抜く必要のあることを示している。もとのままの段階で精根を擦りへらすことは下落をまねく。それよりは、限界を受け容れ、それを観想し、その苦しみをつくづく味わうほうがましである。

*

動機としての思い違い。エネルギーのみなもととしての思い違い。私が友だちを見たと思いこむ。そのほうに駆け寄る。近づいてみると、私が走り寄っていた人物は、別の人であり、見知らぬ人であるとわかる。同じように、われわれは相対的なものを絶対者ととり違える。創られた事物と神とをとり違える。

個々の動機はすべて思い違いである。どんな動機をもみなもととしていないエネルギーだけがよいものである。神への従順は、ことばをかえていえば、神がわれわれの想像や思考をまったくはみ出す存在なのだから、無に対する服従である。それは不可能であると同時に必然でもある——別のことばで表現すれば、超本性的である。

＊

恩恵。人がある行為を行ないながら、まごころから恩恵などというものは絶対にありえないものだと自覚していれば、その行為は善い行ないである。

善をなすこと。どんなことを行なっていても、私はそれが善ではないことをこの上もなくはっきりと知っている。善くないものが善をなすことはありえないからである。そして、「神のほかに善いものはいない」〔ルカ福音書一八・一九〕のである。

あらゆる状況において、どんなことを行なうにしても、人は悪を行なっている。それもゆるしがたい悪を。

自分の行なう悪がもっぱら自分の上に直接にふりかかるよう願うべきである。それが十字架というものだ。

＊

善い行為とはつぎのようなものをいう。すなわち、注意と意向とを純粋で不可能な善に全面的に向けながら、その純粋な善の魅力をも不可能性をも、虚偽のベールで蔽うことはいっさいせずに遂行することのできる行為である。

この点で、美徳は芸術上のインスピレーションと酷似している。美しい詩とは、ことばであらわせないインスピレーションを、ことばであらわせないままに、それに注意を向けながらつくられる詩である。

矛盾

精神につきあたるもろもろの矛盾、それらだけが実在性の諸相である。それらは実在的なものを見分ける基準である。想像上のもののなかには矛盾はない。矛盾の有無によって必然性の有無がたしかめられる。

＊

存在の奥深いところで体験された矛盾、それは身も心も引き裂く。それが十字架である。

＊

注意をなにかあるものに固定しているうちに、そのなかの矛盾が明らかになると、一種の剥離が生じる。このような成行きにじっと耐えていると、ついには執着から脱け出すことができる。

＊

相反するもの同士の相関関係を表現することができれば、それは相矛盾するもの同士の超越的な相関関係をかたどった一つの表象になる。

＊

ほんとうの善はどんなものでも相矛盾する条件をともなう。だから、その結果、不可能である。注意をこの不可能にほんとうに集中し、そして行動する人は、善を行なうであろう。

同じように、どんな真理にも矛盾が含まれている。

矛盾はピラミッドの頂点である。

＊

「善」という語が、善と悪の相関関係を示すために用いられる場合は、神の存在そのものを示すために用いられる場合と同じ意味をもっていない。

＊

聖人の魂のなかには相反する徳が存在する。高いところに昇ることの暗喩がこれにあてはまる。私が山腹を歩いているとき、まず湖が見える。それから数歩あるくと、森が見える。湖か森か、どちらかを選ばなければならない。湖と森を同時に見たければ、もっと高く昇る必要がある。

ただ聖人の魂のなかには山が存在しないだけである。それは空気でできている。昇ることはできない。引き上げられる必要がある。

*

経験とオントロジー〔存在論〕にもとづく証拠。私は自分のなかに上昇の原理をもっていない。空気のなかをよじのぼって空にたどりつくことはできない。ただ私が自分の思惟を私よりもすぐれたなにものかに向けるときはじめて、そのなにものかが私を高いほうへ引き上げる。私が実際に引き上げられるなら、そのなにものかは実在している。想像上の完全さは、どんなたぐいのものにせよ、私を一ミリメートルたりとも引き上げることはできない。なぜなら、想像上の完全さは、想像している私とおのずから同じ高さにあり、それよりも高くも低くもないからである。

このような思惟の方向づけによってもたらされるものは、暗示とはまったく別ものだ。毎朝私が「私は勇気がある、私はこわくない」と自分にいいきかせれば、私は勇敢になれるかもしれないが、その勇敢さというのは、現在不完全な状態にある私が、勇敢さという名前のもとに思い浮かべることができるような、したがって、私の不完全さを越えることがないような、そんな勇敢さにほかならないであろう。これでは同じ平面の上で変化するにすぎず、面そのものが変わることにはなるまい。

矛盾が基準である。暗示によって、相容れないものを手に入れることはできない。それができるのは恩寵だけである。感じやすい人が、暗示の力で勇敢になると、冷酷になる。それどころか、一種の残酷な快感を味わいながら、自分の感受性を切り捨ててしまうこともよくある。恩寵だけが、感受性をそのまま損わずに勇気を与え、勇気をそのまま損わずに感受性を与えることができる。

＊

人間の大きな苦痛、幼年時代から始まり死に至るまで続く苦痛、それは、眺めることと食べることとが、二つの相異なるはたらきであるということである。永遠の至福は、眺めることがすなわち食べることにほかならないような状態である。

現世で眺められるものは実在ではない、それは道具立てである。人が食べるものはかたちがなくなり、実在でなくなる。

罪が、われわれのうちにこの分離を生じさせた。

＊

本性的な徳は、徳という語を本来の意味に解釈するならば、すなわち、さまざまな社会生活上の徳のまねごとを排除するならば、それはうちに超本性的な恩寵をもつ人にとってのみ、恒常的なふるまいとして可能なのである。このような本性的な徳の持続は超本性的である。

＊

相反するものと、相矛盾するものと。相反するもの同士の相互関係について考えることは本性的な存在に触れるために役立つ。それと同じように、相矛盾することがらを包括的に考えることは、神に近づくために役立つ。

神のうながしを受けた人は、ことばにあらわすことのできないきずなによって結ばれたふるまい、思惟、感情をもつ人である。

＊

ピュタゴラスの考えかた。善はいつも「相反するもの同士の統一」によって定義づけられる。人がある一つの悪の反対をほめそやすとき、その人はその悪の水準にとどまっている。人はこの「反対のもの」を一度経験してしまうと、またもとの悪にもどる。これは『ギーター』のなかで「相反するものの迷い」と名づけられたものである。マルクシスムの弁証法はこの迷いの非常に程度の低い、まったくゆがめられた一形態である。

＊

相反するもの同士の結合。マルクシスムによって展開された労働者階級の帝国主義。解放されたばかりの奴隷たちの横柄さを主題としたラテン語のことわざ。横柄さと卑屈な奴隷根性とは手に手をとって増大する。まじめなアナーキストたちは、あたかも霧をとおして見るように、相反するものの結合の原則を垣間み、抑圧されたものに権力を与えれば悪はほろびると思いこんだ。実現不可能な夢。

いったい、相反するもの同士の悪しき結合と正しい結合を区別する特徴はなんだろう？

相反するもの同士の悪しき結合とは（いつわりのものであるから悪しきものなのだが）、相反するもの同士が存在している面と同じ面で生じる結合のことである。たとえば、抑圧されたものに支配する権利をゆるし与えること。それによって「抑圧–支配」の悪縁から脱け出すことはできない。

相反するもの同士の正しい結合は、一段階上の面で結ばれる。たとえば、支配と抑圧との対立は、法——それは均衡である——の面では解消する。

同様に、苦痛は（そして、苦痛の特有の機能はここにあるのだが）結合している相反するものを分離して、最初の結合よりも上の面でふたたび結び合わせる。「苦痛–よろこび」という結びつきが脈うつ。ただし、よろこびがつねに数学的な優位を占めている。

苦痛は暴力であり、よろこびは優しさである。しかし、よろこびのほうが力がつよい。

＊

相矛盾するもの同士の結合はまっぷたつの引き裂きを含む。それは極度の苦しみをともなわなければありえないことである。

＊

相矛盾するもの同士の相関関係は、愛着を絶つことを意味する。ある特定なものへの愛着は、それと相容れない別の愛着によってのみ断ち切られる。だからこそ、「あなたたちの敵を愛しなさい」〔マタイ福音書五・四四〕という掟がある一方に、「自分の父、自分の母を憎まないものは……」〔ルカ福音書一四・二六〕という要求があるのだ。

われわれは自分自身のうちにある相反するものを自分に従わせているか、さもなければそれらのものに従っているか、どちらかである。

*

魂のふるまいのなかに相容れないものが同時に存在すること。ちょうど両側に同時に傾いている秤のように。それが聖性であり、小宇宙の実現であり、世界の秩序を模倣することである。

*

魂のなかに相反する徳が同時に存在するありさまは、神をはさむピンセットのようである。

人間の条件のいくつかの法則を見つけ文字にあらわさなければならない。人間の条件についての深い考察の多くのものが、個々の例に光を投じるのである。

このようにして、どう見ても上位にあるものが、どう見ても下位にあるものを再現している。ただし、置き換えられたかたちで。

悪と力との、悪と存在との血族関係。そして、善と弱さとの、善と無との血族関係。

しかし一方では、悪は喪失でもある。相矛盾するものがどのようなありかたでほんとうらしく見えるかを明らかにしなければならない。

しらべる方法。なにかを考えたあとすぐに、その反対がどういう具合に真であるかを見つけようとすること。†

*

悪は善の影である。固体性と厚みをそなえた現実の善はすべて悪を投影する。想像上の善だけは影を投げかけない。

すべての善はなにがしかの悪と結びついている。そこで、もし人が善をのぞみ、しかもそれにともなう悪を身のまわりに及ぼしたくないと思うならば、その悪を避けることはできないので、どうしてもそれを自分ひとりで背負いこまなければならなくなる。

したがって、この上もなく純粋な善を希求する場合は、いちばんひどい悪を背負いこむ覚悟を必要とする。

もし人がただ善だけを欲求するならば、光を受けた物体を影に結びつけるように現実の善を悪に結びつけている法則にさからうことになり、また世界をあまねく支配している法則にさからうことになるので、不幸に陥ることは避けられない。

キリストの十字架の秘義はある種の矛盾に存する。それは同意にもとづいた捧げものであると同時に、まったく心ならずもこうむった罰なのだから。もしそのなかに、捧げものとしての一面しか認めなければ、人は自分にも同じようなことをのぞむことができよう。しかし、心ならずもこうむる罰を欲しいとは思えないものである。

† このアフォリスムは、シモーヌ・ヴェーユの作品にちりばめられているいくつかの見かけ上の矛盾を解く鍵を与えてくれる。たとえば、伝統への愛と共在している過去からの脱却、至高の実在とみなされている一方では無として思い浮かべられている神、等々の矛盾。これらの相矛盾するものは、存在の相異なるさまざまな面でそれぞれに真実であり、それらの対立も超本性的な愛の次元では解消される。理性は鎖の両端を知覚する。しかし、それらを結ぶ中心に迫ることができるのはことばではあらわされない直観だけである。

必然的なものと善とのへだたり†

必然的なものは神のベールである。

＊

神はあらゆる現象を、例外なく、世界のメカニズムにゆだねた。††

＊

神のうちには、すべての人間的な徳に類似したものがある。したがって、従順に類似したものもある。それは神がこの世界のなかで必然性に残しておく活動の自由である。

＊

必然性、それは一つの表象であり、それによって知性は神の無関心さと公平さの意味をつかむことができる。

したがって、奇蹟についてのありきたりの観念は、神をないがしろにした考えかたの一種である（奇蹟は第二原因はもたないが、第一原因だけをもつような事象であるという考えかた）。

＊

必然的なものと善とのへだたりは、創られたものと創り主とのあいだのへだたりにほかならない。

＊

必然的なものと善とのあいだのへだたり。これはいつの世までも観想に値する主題である。それはギリシア人たちの偉大な発見だ。トロイアの滅亡が、彼らにそれを教えたに相違ない。

悪を、「あるものはあるのだ」という表現以外の手段で正当づけようとするこころみはすべて、前述の真理にそむく誤まりである。

＊

われわれは「善─悪」という組合わせの耐えがたい重荷、アダムとエヴァが背負ったこの重荷をほうりだすことだけをひたすらのぞんでいる。

そのためには、「必然的なものの本質と善の本質」をとりちがえるか、さもなければこの世に別れを告げるほかない。

悪を浄化することのできるのは、神か社会という獣だけである。純粋さが悪を浄化する。力もまた、まったく別のやりかたで悪を浄化する。どんなことでもできるものは、なにをしてもよいのだ。絶大な力をもつ主人に仕えている人は、主人の権力を背景にどんなことでもできる。力はわれわれを「善‐悪」という相反するものの組合わせから解放する。力は力を行使する人を解放し、そればかりか力に服従する人までも解放する。主人役のほうはまったく気ままである。奴隷のほうもそうである。剣は、その柄によっても切先によっても、義務の耐えがたい重みからわれわれを解放する。恩寵も義務の重みから解放してくれるのだが、恩寵にたどりつくには義務を経なければならない。限界からのがれるためには、統一に向かって上昇するか、さもなければ限定されないものに向かって降りて行くほかない。

＊

限界があるのは、神がわれわれを愛している証拠である。

＊

世の終りを間近なものとして待つ期待は、初代教会の信徒たちのふるまいを一つの型にはめた。この信念は、彼らのうちに「必然と善とをへだてる無限の距離の忘却」を生じさせた。

＊

神の不在は、完全な愛のこの上なくみごとな証しである。だからこそ、純粋な必然性、善とはっきりと異なる必然性がこれほど美しいのである。

＊

限定されていないものは「1」の試薬である。時間は永遠の試薬である。変化は不変なものの試薬である。

ある科学、芸術作品、道徳あるいは魂の価値は、この試薬に対する反応の強弱によって測定される。

† プラトン『国家』第六巻参照。

†† シモーヌ・ヴェーユが、デカルトとスピノザの決定論を、心理的なことがらも含めたすべての自然界の現象にまで拡げていることを確認するのは意味深いことである。彼女によれば、重力のはたらきを妨げるのは恩寵だけである。したがって彼女は、神が自然のなかに欄外のように残した未決定の部分と《賜性《グラテュイテ》》の部分を見落としている。この欄外のような部分があるので、世界に自由と奇蹟のはいりこむ余地が残されているのである。それにしても、重力が事実上全能であることにはかわりはない。トマス・アクィナスは、人間の行動の大部分は五感の盲目的な食欲の命じるところに従い、天体の定めるところに従うと認めている。

偶然

私の愛する人びとは創られたものである。彼らは偶然から生まれた。彼らと私の出会いもまた偶然である。彼らは死ぬであろう。彼らが考えること、感じること、行なうことは、善と悪とによって限定され、善と悪とを混じえている。

全身全霊をもってそのことを知りながらもなおかつ彼らを愛することをやめないようにしなければならない。

有限なものごとを有限なものごととして限りなく愛する神に倣うべきである。

*

われわれは、価値をもつものがすべて永遠であるようにとのぞんでいる。ところで、価値をもつものはすべて出会いから生まれ、出会いによって持続し、互いに出会った存在同士が別れるとき存在しなくなる。これが仏教の中心思想である（ヘーラクレイトス流の考えかた）。この思想はまっすぐ神へ通じている。

私の父と母とを出会わせた偶然について観想することは、死について冥想することよりももっとためになる。

私の体内に、この出会いをみなもととしないようなものがただのひとつでもあるだろうか？　神だけだ。それにしても、神についての私の思いは、やはりこの出会いをみなもととしている。

＊

星々と花ざかりの果樹。完璧な恒常性と極度のはかなさは、どちらも同じように永遠の感覚を与える。

＊

進歩についての理論や「いつの世にも頭角をあらわす天才」についての理論が生まれるのは、この世界でいちばん貴重なものが、偶然の手にゆだねられていると思い浮かべることに耐えられないからである。耐えられないことだからこそ、それらは観想の対象とならなければならない。

創造はそれにほかならない。

偶然に隷属しない唯一の善は、この世のそとにある善である。

＊

貴重なものごとが傷つきやすいことはすばらしいことである。なぜなら傷つきやすさは生きていることの一つのしるしなのだから。

＊

トロイアの破壊。花ざかりの果樹の花びらが落ちること。いちばん貴重なものは生存のなかに根をおろしていないことを知ること。このことはすばらしい。なぜ？　それは魂を時間の枠のそとに投げ出すからである。

＊

雪のように白く、血のような赤い子を得ようとのぞむ女[1]は、それを得る。しかし、彼女は死んで、子供は継母の手にゆだねられる。

【訳注】

（1）グリム童話『白雪姫』参照。

愛すべきものは不在である

神は不在というかたちでしか創造のなかに現存することができない。

*

悪と、神の清浄《イノサンス》。神を悪に関係のないものとして考えるために、神を無限の彼方に位置させなければならない。視点を変えていえば、悪の存在は神を無限のへだたりの彼方に置かねばならないことを物語っている。

*

この世界は、まったく神を欠いているかぎりで、神自身なのである。
必然性は、善とまったく異なるものであるかぎりで、善そのものである。
だからこそ、不幸のなかの慰めはすべて、人を愛と真実とから遠ざけるのだ。

これこそ、秘義のなかの秘義である。この秘義に触れるとき、人は安全である。

＊

「人なきオリエントに……」人なきところにいなければならない。愛すべきものが不在なのだから〔ラシーヌ『ベレニス』〕。

＊

神への信仰のなかに自分の生命を置く人は、信仰を失うことがありうる。

しかし、神自身のうちに生命を置く人は、けっして生命を失わないであろう。どうしても触れることのできないもののなかに生命を置くこと。それは不可能なことである。死ぬことである。必要なのはそのことだ。

＊

存在しているものは、どれもこれも、まったく愛に値しない。

だから存在していないものを愛さねばならない。

といっても、この愛の対象は、存在していないからといって虚構ではない。なぜなら、われわれの虚構が、愛の対象としてふさわしくないわれわれ自身以上に愛の対象としてふさわしいものになることはありえないからである。

善に同意すること、ただし、意味がつかめたりことばであらわせるような善に同意することではなく、絶対の善に無条件に同意すること。

われわれが善いものとして心に描いたあることがらに同意するとき、われわれは善と悪を混ぜ合わせたものに同意しているのである。そしてこの同意から善と悪が生じる。われわれのうちにある善と悪の比率は変わらない。それにひきかえ、いまもこれからさきもけっして心に描くことのできないような善に無条件に同意すること、それは純粋に善いことであり、そこから生じるのは善いことだけである。そして、それが持続しさえすれば、しまいには魂がすっかり善いことで占められるようになる。

＊

信仰は（本性的なものに超本性的な解釈をほどこすことを問題とする場合）超本性的な体験にもとづいて類比的に推測することである。こうして、神秘的な観想の力を特にさずけられた人びとは、神の憐れみを身をもって味わうと、つぎのように推測する。すなわち、神は憐れみであり、この世界は憐れみによって創られたのだと推測するのである。しかし、この憐れみを自然のなかに直接に確認するとなると、そんなことが可能であると思いこむためには、盲目になり、つんぼになり、情け容赦なくならねばならない。だから、自然のなかに神の憐れみの証拠を見出そうとしたユダヤ人たちや回教徒たちは無慈悲だったのである。キリスト教徒もしばしばそうだった。

それゆえ、神秘主義は人類の徳の唯一のみなもとである。なぜなら、世界のとばりの背後に無限の憐れみがあることを信じない態度、もしくは、その憐れみがとばりのこちら側にあると思いこむ態度、この二つの態度が残酷さをもたらすからである。

＊

この世には神の憐れみを裏づける四つの証拠がある。第一に神の特別な好意によってある人びとに観想の力が与えられていること（このような状態はたしかにあり、創られたものとしての体験の一部になっている）。第二に、彼らが四囲に放散する感化と、彼らが他人の苦しみを分かち味わいたいと思う気持ち――この気持ちは彼らのうちにある神の惻隠の情にほかならない。第三に、世界の美。第四の証拠は、この世に憐れみが完全に欠けていること[†]。

＊

受肉。神は公平無私なので、無力である。善人にも悪人にも平等に日光と雨をそそぐ。父なる神のこの公平さとキリストの無力とが照応している。神の不在。「天の国は一つぶのからし種のようなものである……」〔マタイ福音書一三・三一とその平行箇所〕。神はなに一つ寸毫も変えない。キリストは人びとの怒りによって殺されたのである。彼が神でしかなかったからだ。

＊

神がその意志をはたらかせて私のためにわざわざ苦痛をさずけたのだと考えることは、私がなにものかであると思いこむことになろう。その結果、苦痛のおもな効用を見のがすことになりかねない。私がなにものでもないことを教えるのがその効用だというのに。だから、そんなたぐいのことはいっさい考えてはならない。むしろ、苦痛をとおして神を愛することが必要である。

私は、自分がなにものでもないことを愛さなければならない。もし私がなにものかであるとしたら、それはなんとおそろしいことだろう。自分の虚無を愛さなければならない。無であることを愛さなければならない。ただし魂のなかの「とばり」を越えた向こう側の部分で愛すること。なぜなら、魂のなかでも意識によって知覚できる部分は、虚無を愛することができず、むしろそれを恐怖するからである。もし、その部分が虚無を愛していると思いこんでいるとすれば、その愛の対象は虚無とは別のものである。

＊

神は、雨や日光と同じように、悪人にも善人にもへだてなく不幸をさずける。十字架もキリストのためにだけ取って置かれたのではない。神が個人としての人間それ自体と触れ合うようになるのは、純粋に霊的な恩寵の媒介がある場合にかぎられる。そしてこの恩寵はその個人が神に向ける視線に応じて与えられるものである。すなわち、その個人が、個人であることをやめる程度に応じて過不足なく与えられるのである。どんな事象も神の恵みではない。恩寵だけがそうである。

＊

功徳を通じ合うことは善人にとっては好ましいものだが、悪人にはありがたくないものである。地獄に堕ちるはずの魂もそのおかげで天国にいる。しかしそれらの魂にとって、天国は地獄なのである。

＊

「なにゆえに？」という苦しみの叫びが、『イーリアス』全巻をつらぬいてひびいている。苦しみを説き明かすこと、それは苦しみを慰めることである。だから、苦しみを説き明かしてはならない。

そこから罪のない人びとの苦しみのすぐれた価値が生じてくる。この苦しみは、清浄な神が創造のさいに悪を受け容れたことと似ている。

＊

人が苦しみを耐え忍んでいるときは、どうしてもその苦しみをおぞましく思わないではいられないもので、それが苦しみの梃子でもうごかせないような特徴なのだが、その目あてとするところは、意志のはたらきを停止させることである。ちょうど、不条理が理性のはたらきを阻止し、不在が愛のはたらきを妨げるように。人間としての能力をぎりぎりまで使い果たした人が、腕をさしのべ、歩みをとどめ、眺め、待つように、意志のはたらきを停止させるのである。

*

聖体拝領の功徳は善人にとっては好ましいものであるが、悪人にはありがたくないものである。地獄に堕ちるはずの魂もそのおかげで天国にいる。しかしそれらの魂にとって、天国は地獄なのである。

心の奥底から、なにか意味のある物音を必要とするとき、解答を求めて叫ぶのに解答が与えられないとき、そのときわれわれは神の沈黙に触れる。

平常、われわれは想像をはたらかして騒音にことばをあてはめる。ちょうど退屈しのぎに煙のなかにさまざまなすがたかたちを想像してたわむれるときのように。しかし、あまりにも疲れて、もうたわむれる気力もなくなると、そのとき、ほんもののことばが必要になる。それを手に入れようとしてわれわれは叫ぶ。その叫びははらわたを引き裂く。だが沈黙だけしか与えられない。

この段階を経過すると、ある人びとは狂人のようにひとりごとをいいはじめる。そうなってから彼らがなにをしようとも、彼らに対しては憐れみだけを示すべきである。ほかの人びとは――その数はあまり多くないのだが――その心をすっかり沈黙にゆだねる。

†

まさにこのアンチテーゼによって、いいかえれば、われわれのうちにある恩寵のはたらきおよびわれわれを取り巻く世界の美と、宇宙を律するきびしい必然性とのあいだに見られる分裂によってこそ、われわれは、神が人間に対して現前する存在であると同時に、いっさいの人間的な尺度を絶対に超越した存在であることを知覚するのである。

浄化作用をもつ無神論

相矛盾することがらがどちらも真実である場合。神は存在する――神は存在しない。問題はどこにあるのだろう？　自分の愛が錯覚でないことを確信しているという意味合いで、私は神が存在することを確信している。実在するものがなに一つとして、神という名前を私が口にするときに思い浮かべることのできるものに似ていないことを確信しているという意味合いで、私は神が存在しないことを確信している。ただし、私が思い浮かべることのできないものは、錯覚ではない。

＊

二通りの無神論があり、その一つは神の観念を浄化するものである。

どんな悪しきものにも別の面があるようだ。それは、善へ向かってすすむあいだに行なわれる浄化作用である。さらに第三の面があり、それはより高い善である。

この三つの面は、注意深く区別しなければならない。もし混同すると、思索する上でも、人生を有効に導く上でも、大きな危険をまねくことになるから。

＊

神の体験をもたない二人の人間のうち、神を否定する人のほうがおそらく神により近いところにいる。

われわれがそれに触れることができないという点を除けば、あらゆる点でまことの神に似かよっているいつわりの神は、われわれのまことの神への接近をいつも妨げる。

存在しないという点を除けば、あらゆる点でまことの神に似ているようなある神を信じなければならない。なぜなら、われわれはまだ神が存在している点にたどりついていないのだから。

＊

現代のもろもろの誤謬は超本性的なものを欠いたキリスト教から生まれてきている。世俗化の傾向がその原因——それになにを措いてもユマニスム。

＊

宗教は、慰めのみなもとであるかぎり、ほんとうの信仰の妨げになる。この意味で無神論は浄化作用をもつ。私が無神論者になるのは、自分自身のなかの、神のことを考えるためにできていない部分でもってそうなるべきである。自分自身の内部の超本性的な部分が目覚めていない人びとのあいだでは、無神論者のほうが道理にかない、神を信じる人たちはまちがっていることになる。

＊

ある男の家族が拷問を受けてのこらず非業の死をとげたとしよう。あるいはその男自身が捕虜収容所で長いあいだ拷問を受けたとしよう。また、十六世紀のあるインド人が、自分の民族がみなごろしにされたとき、たったひとり難をまぬがれたと想定しよう。このような人たちは、たとえそれまで神の憐れみを信じていたとしても、もう信じなくなるか、さもなければ以前とはまったく別の眼で見るようになるかである。私にはこのような体験はない。しかし、そういうことがあることを知っている。してみれば、どんな違いがあろう。

どんな出来ごとに見舞われようとも、神の憐れみについて、消えることも変わることもない信念、どんな人にも伝えることのできるような信念をもつように心がけなければならない。

注意と意志

新しいことがらを理解するには及ばない。むしろ忍耐と努力と方法を尽くし、全身全霊を傾けて、明白な真理の理解にたどりつくよう心がけなければならない。

＊

信じることのさまざまな段階。どんなありふれた真理でも、それが魂のすみずみまでを占領すると、啓示のようなものになる。

＊

意志によらず、注意によって自分のあやまちのかずかずをただそうとこころみるべきである。

意志の力は、ある種の筋肉のいくつかのうごきだけしか支配しない。そしてそれらのうごきは、手近な物体を移動させようとする考えに結びついている。私は自分の手のひらをテーブルの上にのせたいと思うことができる。心の清らかさ、あるいは霊感、あるいは思惟のなかの真実が、このたぐいの動作に必然的に結びついているとしたら、それらの動作は意志の対象となることができよう。実際はそんなことはまったくありえないので、それらの動作を希求するほかはない。それらを希求すること、それはわれわれが天に「父」をもつと信じることである。それとも、それらをのぞむことをやめるべきだろうか？　だが、それ以上によくないことがあろうか？　内心の懇願だけが理にかなうものである。なぜなら、それによって当面のことになんのかかわりもない筋肉を緊張させずにすむからである。徳のため、あるいは詩のため、あるいは問題を解くために、筋肉を緊張させたり歯をくいしばったりするくらいおろかなことはない。注意は、そんなこととはまったくちがうものではないだろうか？

傲慢はいましがた述べたたぐいの緊張である。傲慢な人には（ことばの二重の意味で）恩寵が欠けている。この欠如は思い違いを因としている。

注意は、そのいちばん高い段階で、祈りと同じものになる。それは信仰と愛を前提とする。

＊

まったく混ぜもののない注意は祈りである。

＊

知性を善のほうに向けると、全身全霊が心ならずもしだいしだいに善のほうに引き寄せられないわけにはいかない。

極度に張りつめた注意力は人間のなかで創造能力の土台になる。そして、極度に張りつめた注意はかならず宗教的である。ある時代の創造的天才の量は、その時代の極度に張りつめた注意の量に、したがって、真正の宗教の量に厳密に比例する。

＊

まちがった追求のしかた。ある問題に注意を縛りつけること。これもまた真空の嫌悪にもとづいた現象である。人は自分の努力が徒労に終わることをのぞまない。狩猟をする人は獲物にしつこく付きまとうものだ。見つけようとのぞんではならない。たとえば、行き過ぎた献身の場合がそうだが、人は努力の対象に従属するようになる。人は外面的な報酬を求めるが、それはときとして偶然に手にはいるものである。そして、人は真実をゆがめるという代償を払っても、それを受けとることに汲々としている。

欲望をともなわない（ある目的に縛りつけられていない）努力だけが報酬をまちがいなくうちに秘めている。

追求している目的のまえで後退すること。まわりみちだけが効を奏する。まず後退してからでなければなにもできない。

葡萄の房をじかに引っぱると、葡萄の粒が地面に落ちてしまう。

＊

求める目的とは反対の結果を生む努力がある（たとえば、気むずかしくなった信心女、まやかしの禁欲主義、ある種の献身、等々）。一方、たとえうまくいかないことがあっても、いつも有益な努力もある。

どうやって両者を区別したものか？

おそらくこうであろう。前者は、内心のみじめさに対する（誤魔化しの）否定をともなう。後者は、自分のありのままの姿と愛するものとのあいだのへだたりに対する絶え間ない注意をともなう。

＊

愛は神々や人びとの師である。なぜなら、習おうとする欲望がなければだれも習うことはできないからである。真理はそれが真理だから追求されるのではなく、それが善であるから探究されるのである。

注意は欲望に結びついている。意志にではなく、欲望に——あるいはもっと正確にいえば同意に結びついているのである。

＊

人は自分自身のなかにあるエネルギーを解放する。ところがそのたびにエネルギーはまたあらたにつけ加えられる。どうしたらのこらず解放できるだろうか？　この解放がわれわれの内部で行なわれるようのぞまなければならない。そのことをほんとうに欲しなければならない。ひたすらそれを欲するだけにとどめて、それを自分で成しとげようとこころみてはならない。というのは、成しとげようとする方向でのあらゆるこころみはむなしく、高い代償を支払うことになるからである。自分自身のエネルギーを解放する場合、私が「私」と名づけているものはすべて受身でなければならない。私にとって必要なのは注意だけである。「私」が消滅するほどまでに充実しきった注意だけが必要なのである。私が「私」と名づけているすべてのものから、注意の光をとりあげ、それを想像も及ばないものの上にふりむけなければならない。

＊

ある思想を決定的に追い払うことのできる能力は永遠への扉である。一瞬のうちにひそむ無限。

＊

誘惑のかずかずに対しては、誘惑者が話しかけても返事をせず、きこえないようなふりをする貞操堅固な女性を手本にすること。

＊

われわれは、善にも悪にも公平でなければならない。だが、公平にすると、すなわちどちらにも同じように注意の光をあてると、善のほうがひとりでに優位を占めるようになる。そこになくてはならない恩寵のはたらきがある。そしてこのことが善を定義づけそれを見分ける基準となる。

神の霊感は、人がそこから注意をそらさず、それを拒まなければ、まちがいなくはたらきかけてくるばかりか、その作用にさからうことはできないほどである。そのために選択する必要はない。それが存在することを認めることを拒まなければ十分である。

＊

愛情をこめて注意を神（あるいは、もうすこし低い段階の、すべてほんとうに美しいもの）に向けると、ある種のことがらが不可能になる。これが、魂のなかでとなえられる祈りの「はたらきかけないはたらき」である。ある種のふるまいをほしいままにしておくと、この注意にベールをかけるおそれがあるが、その反面、この注意はそうしたふるまいの生まれる余地をなくすはたらきをもっている。

＊

魂のなかに永遠の一点が芽生えたら、あとはただそれを大切に守るだけでよい。その一点は種子のようにおのずから生長するからである。そのまわりを武装して身じろぎもしない衛兵でかこみ、さまざまな数やきちんときまった厳密な相互関係を観想することによって、それを養わなければならない。

肉体のなかでいつも変わらないものを観想することによって、魂のなかの不変なものが養われる。

＊

ものを書くということは産みの苦しみに似ている。どうしてもあらんかぎりの力をふりしぼらずにはいられない。しかし、行動するときも同じことである。あらんかぎりの力をふりしぼれないのではないかと懸念するには及ばない。ただ、自分自身に嘘をつかないようにし、注意を集中しさえすればよい。

＊

詩人はなにかしら実在するものに注意を据えることによって美をつくり出す。人を愛する場合も同様である。飢えかわいているこの人間が私と同じようにほんとうに実在していることを知ること——それだけで十分である。あとのことはおのずから付随してくる。

一人の人間存在の活動のなかにまがいものでない純粋な価値——真、善、美——を生じさせるのは、ただ一つの同じ行為である。それは、対象に注意をあますところなく注ぐことである。

教えることの目的は、注意力を訓練してこのような行為ができるように導くこと以外であってはなるまい。

教えることにはほかにもいろいろな利点があるが、それらはすべてとるに足らないものである。

＊

勉学と信仰。祈りは純粋なかたちの注意にほかならず、勉学は注意力の体操なのだから、学校での勉強のひとつひとつは精神生活の屈折運動でなくてはならない。そこには方法が必要である。ラテン語を自国語に解釈するある種の流儀、幾何学の問題を解くある種の流儀（どんな流儀でもかまわないというものではない）は注意力の体操であって、それによって注意力はいっそう祈りに適したものになるのである。

＊

表象や象徴などを理解する方法。解釈しようとこころみてはならない。光が湧いてくるまでみつめるべきだ。

一般に、理解力を訓練する方法、それはみつめることにある。

実在するものと錯覚にもとづくものとを弁別するのにこの方法を適用すること。感覚によって知覚する場合、自分の見ているものに確信がもてなければ、それに視線を向けながら自分の位置を変えると、実在が現われてくるものだ。精神内のことがらの場合は、時間が場所のかわりをする。時間の経過につれて、われわれの内部には変化が生じてくるが、その変化をとおして視線をいつも同じことがらに向けていれば、しまいには錯覚は消滅して実在が現われる。ただし、われわれの注意が凝視であることが条件であり、それが愛着であってはならない。

ある義務を果たさなければならないと思う意志と不都合な欲望とのあいだに相剋があるとき、善に注がれるエネルギーが損耗する。自分のみじめさを思い知らせる苦しみを耐え忍ぶときのように、欲望の咬み傷を甘んじて耐え忍ばなければならない。そのうえで、注意を善に向けたままに保つことが必要だ。そうすると、エネルギーの質が向上する。

さまざまな欲望からエネルギーを奪わなければならない。それらの欲望から時間のなかでの進行方向を取り去ることによって。

*

われわれの欲望はその要求の面では限りがない。しかし欲望のみなもとになるエネルギーには限度がある。だからこそ恩寵の助けによって欲望を抑えることができるし、また欲望を擦りへらしながら、ついには消滅させることもできる。このことがはっきりわかってしまうと、注意をいつもこの真理に密着させておけば、もうそれらの欲望を実質的には制圧したことになる。

*

「私ハ善イモノヲ見テソレヲ認メルガ、悪シキモノヲ追求メル……」(Video meliora……)[1] こうした状態では、人は善を思い浮かべているように見える。そしてある意味ではそうしている。しかしその善の可能性は考えていない。

＊

われわれが矛盾のピンセットの先でとらえる真空は、疑いもなく高いところにある真空である。なぜなら、生まれもった理解と意志と愛の能力をとぎすませばとぎすますほど、その真空はつかみやすくなるからである。低いところにある真空とは、生まれもった能力を麻痺させておくと、そのなかに落ち込むような真空である。

＊

超越的なものを体験すること。このことは矛盾のように見える。しかしながら、超越的なものは、それに触れ合うことによってしか知ることができない。われわれの能力でそれをこしらえることはできないのだから。

＊

孤独。その価値はいったいどういう点にあるのだろう？　人は単なる物質（空、星、月、花咲く木々なども物質である）、人間の精神よりも（おそらく）ずっと価値の低いものをまえにしているというのに。孤独の価値は、注意によりすぐれた可能性を与える点にある。せめて人が、人間のまえでも同じ程度に注意深くありえたら……

＊

われわれは神についてただ一つのことしか知りえない。神が、われわれがそうであるところのものではないということである。われわれのみじめさだけがこの事実を表象している。みじめさを眺めれば眺めるほど、われわれは神を眺めていることになる。

＊

罪は、人間のみじめさを等閑に付することにほかならない。それは自覚されていないみじめさであり、それだからこそ咎むべきみじめさである。キリストの生涯は、人間のみじめさが拭い消すことのできないものであることを実地に示す証拠である。絶対に罪の穢れを知らぬ人間においても、罪びとの場合と同じくらいみじめさが深かったことを示す証拠である。ただキリストの場合はみじめさが光を受けていただけの違いで……

＊

人間のみじめさは、富裕な人や権力者には理解しにくい。なぜならそういう人は、ほとんどいやおうなしに自分がなにものかであると思いこむ方向に傾斜して行くからである。人間のみじめさは貧窮に陥っている人にもわかりにくい。なぜならその人は、ほとんどいやおうなしに富裕な人や権力者がなにものかであると思いこむ方向に傾斜して行くからである。

大罪の本質をなすのは実際に犯したあやまちではない。むしろ、あやまちがどんなものであるにせよ、それを犯したときに、その魂のなかにある光の程度によって大罪になるかならぬかがきまる。

＊

純粋さは、穢れを観想する力である。

＊

この上もない純粋さは、純粋なものも不純なものも観想することができる。不純さは、どちらもできない。純粋なものは不純さを辟易させるし、不純なものは不純さを吸収してしまう。不純さの観想の対象としては純粋なものと不純なものを混ぜ合わせたものが必要である。

【訳注】

（1）オヴィディウス『変形譚』第七巻、二〇。

訓練

不可能なものにたどりつくためには、可能なことを成しとげなければならない。この課題にかなうように、生まれもった意志と愛と認識の能力を正しく訓練すること。この訓練と霊的な実在との関係は、肉体のうごきと感覚の対象となりうるものの知覚との関係にぴったり符合する。感覚の麻痺した人は知覚することができない。

＊

厳密な意味での人間的な義務の遂行は、作文、翻訳、計算などの操作における正確さと同じ次元に属する。この正確さをなおざりにすれば対象に対して敬意を欠くことになる。義務をなおざりにする場合も同様である。

＊

霊感にかかわりのあるものごとだけは、時間の引きのばしによって内容を充実する。人間の本分や、意志にかかわりのあるものごとについては遅滞はゆるされない。

＊

教則は実践されるために与えられるのではない。むしろ、実践は教則を理解するために命じられるのである。教則は音階のようなものだ。あらかじめ音階を練習しないでバッハを演奏することはできない。しかし音階そのもののために音階を練習する人もいない。

＊

訓練——自分の心のなかに、自由意志によらない傲慢な考えがきざすのを自覚するたびごとに、しばらくのあいだ過ぎ去った日の屈辱の思い出に注意のまなざしを向けるようにすべきだ。それもいちばんにがい、できるだけ我慢のならない屈辱を選ぶこと。

＊

自分自身のうちにある欲望と嫌悪、楽しみと苦痛とを変えようところみたり、拭い消そうとこころみてはならない。色彩を感覚で受けとめる場合と同じように、それらを受動的に受けとめるべきで、それらに色彩感覚に対する信頼を上まわる信頼を与えてはならない。私の部屋のガラス窓が赤ければ、たとえ一年間、夜となく昼となく、自分自身にほんとうはそうではないのだと説き聞かせたところで、自分の部屋がバラ色であると思わずにはいられなくなるだろう。それに、そう思うのが、必要で、正しく、よいことであることを私は知っている。同時に、私はこの色を私の部屋についてなにか情報を提供するものとしてみるかぎり、ガラス窓の色との関連を知っていることから局限される信頼しかそれに与えない。私のうちに生じるあらゆる種類の欲望と嫌悪、楽しみと苦痛を、このように受け容れなければならない。ほかの受け容れかたは避けるべきである。

一方、人は自己のうちに暴力の一つの根源、すなわち意志をもっているのだから、ある限られた範囲で、ただしその範囲内では十二分に、この暴力の根源に手荒い仕打ちを加えなければならない。ある欲望、ある嫌悪が、あたかも存在しないかのようにふるまうことを力ずくで自分に強制しなければならない。感受性に服従を強いながら、それを納得させるようつとめなければならない。そのとき、感受性は刃向かってくるだろう。そうしたら、その反抗を受動的に受けとめ、味わい、玩味し、外面的なことのように、赤いガラス窓のついた部屋のバラ色のように、受け容れなければならない。

この心がまえで自分自身を手荒く扱うたびごとに、自分のうちにひそむ動物を訓練する操作に進歩が見られる。その進歩は、目立たぬこともあり、目ざましいこともあるが、いずれにせよほんものである。

もちろん、この自分自身に対する手荒い仕打ちが、ほんとうに訓練に役立つためには、それが単なる手段でなければならない。犬を仕込んで物知り犬に仕立てようとするときは、ただ鞭うつために鞭うつのではなくて、仕込むためにそうするものである。そしてそのことを配慮して、犬が練習にしくじったときだけ鞭うつ。むやみに鞭うつと、犬はどんな訓練にも適さなくなってしまう。またがった禁欲主義も同じ結果をもたらす。

自分自身に対する手荒い仕打ちが許容されるのは、それが理性にもとづいている場合（その人が義務としてはっきりと思い浮かべているものの実行を目ざす場合）――もしくは、それが恩寵のあらがいがたいうながしによって命じられる場合（ただし、この場合の手荒い仕打ちは自分自身から出てくるものではない）にかぎる。

*

私の味わう困難は、疲労したり、活力がなくなったりすると、通常の活動の水準よりも低いところにさがってしまうことから発している。そして、なにかが私をとらえ引き上げると、その水準を上まわる。そういうときは、その時間をありきたりの活動に浪費することは忌まわしいことのように思われよう。ほかのときは、私が自分からはとても引き出せないような手荒い仕打ちを自分自身に加えなければならなくなるであろう。

私は、その結果生じてくる異常なふるまいを容認することはできよう。しかし私はそうしてはならないことを知っているし、知っているつもりだ。それは、他人に対する懈怠の罪を含んでいる。そして私は、それによって身うごきできなくなる。

では、どんな方法をとればよいのか？

「あなたがおのぞみなら、私を清くすることができます」〔マタイ福音書八・二とその平行箇所〕。

郵便はがき

101-0021

お手数ですが切手をお貼りください

千代田区外神田
二丁目十八―六

春秋社

愛読者カード係

＊お送りいただいた個人情報は、書籍の発送および小社のマーケティングに利用させていただきます。

(フリガナ) お名前 (男・女)	歳	ご職業
ご住所 〒		
E-mail	電話	

※新規注文書 ↓(本を新たに注文する場合のみご記入下さい。)

ご注文方法 □書店で受け取り □直送(代金先払い) 担当よりご連絡いたしま

書店名	地区	書名	
取次	この欄は小社で記入します		

読ありがとうございます。このカードは、小社の今後の出版企画および読者の皆様と
連絡に役立てたいと思いますので、ご記入の上お送り下さい。

のタイトル〉※必ずご記入下さい

●お買い上げ書店名(　　　　地区　　　　　　　書店　)

書に関するご感想、小社刊行物についてのご意見

※上記感想をホームページなどでご紹介させていただく場合があります。(諾・否)

読新聞 朝日 読売 日経 毎日 その他 　　　)	●本書を何でお知りになりましたか 1. 書店で見て 2. 新聞の広告で (1)朝日 (2)読売 (3)日経 (4)その他 3. 書評で (　　　　紙・誌) 4. 人にすすめられて 5. その他	●お買い求めになった動機 1. 著者のファン 2. テーマにひかれて 3. 装丁が良い 4. 帯の文章を読んで 5. その他 (　　　　)

容 満足 □普通 □不満足	●定価 □安い □普通 □高い	●装丁 □良い □普通 □悪い

近読んで面白かった本　(著者)　　　　(出版社)

名)

秋社　電話 03-3255-9611　FAX 03-3253-1384　振替 00180-6-24861
E-mail:aidokusha@shunjusha.co.jp

私は、努力しているという感覚を苦しみを甘んじて受けているという感覚に変える練習を積まなくてはならない。いやでもおうでも、神が私に苦しみを与えれば、私は苦しまなければならないだけのものはすべて苦しむことを余儀なくさせられる。課題を与えられた場合も、同じようなやりかたでなすべきことをしていけないわけがあろうか？

＊

「山よ、岩よ、われわれの上に落ちて、小羊の怒りの及ばぬところにわれわれを隠せ」（ヨハネ黙示録六・一六）。いまこの瞬間、私はこの怒りをこうむるに値する。

十字架のヨハネによれば、行ないやすい瑣末な義務の遂行を妨げる暗示はよくない方面からやってくるものであるという。このことを忘れないようにしよう。われわれに義務が与えられているのは自我を殺すためである。それなのに、私はこれほど貴重な道具を錆びつくままに放置している。

外的世界の実在を信じるためには、自分に与えられた義務を命じられたときに成就しなければならない。

時間の実在を信じなくてはならない。信じなければ、夢みていることになる。

何年もまえから私はこの疵を自分のなかにみとめ、その重大さを認識していながら、しかもそれをなくすためになんの努力も払わなかった。どんないいわけをみつけることができよう。

十歳のころから、それは私の内部で大きくなってきているのではないだろうか？　しかしこの疵は、どんなに大きくても、有限である。それで十分だ。もしこの疵があまりにも大きくなって、この世に生を享けているあいだにそれを消滅させる可能性がなくなり、その結果、完璧な状態に到達する可能性も奪われてしまえば、すべての存在するものを受け容れる場合と同じように、愛情をこめてそれを受け容れなければならなくなる。その疵が存在すること、それが悪いものであること、有限なものであることを私が知っていれば十分である。しかし、いまのべた三つのことを実際に個別的にも包括的にも知るということは、その疵を消滅させる過程が緒につき、絶え間なく続くことを内容としている。もしこの過程が生じ始めなければ、それは私が書いている内容そのものを私が実際には知っていないことのしるしになる。

そのために必要なエネルギーは私の内部にある。私は生きるためにそれをもっているからである。私はそれを自分自身のなかから力ずくでも引き出さなければならない。たとえそのために死ぬようなことがあっても。

＊

善と悪を見分ける基準として完璧なものは、絶え間ない内心の祈りを措いてほかにない。この祈りを妨げないことはすべてしてよいし、妨げるものはすべてしてはならない。祈りの状態で行動するときに、他人に苦痛を与えることは不可能である。ただし、それはほんとうの祈りでなければならない。だが、そこにたどりつくまえに、いくつかの規則を遵守することによって、自分の意志を摩滅させておく必要がある。

希望とは、自分自身のなかにある悪が有限であることを知ることであり、魂がほんのわずかでも善に向かえば、たとえそれが一瞬間であっても、悪をいくらか減少させるものであることを知ることであり、さらに、霊的な領域では、善いことの一つ一つが、まちがいなく、いくらかの善を生んでいることを知ることである。それを知らない人びとは、ダナイデスたちがこうむった責苦[1]を受けなければならない。

*

純粋に霊的な領域では、まちがいなく、善はいくらかの善を生み、悪はいくらかの悪を生んでいる。それにひきかえ、（心理的なものも含めた）本性的なものの領域では、善が悪を生み、悪が善を生んでいる。したがって、人は霊的な領域に到達するまでは安心することができない——それはほかでもない、人が自分自身ではなにも手に入れることができず、なにもかも外部からやってくるのを待つ領域である。

【訳注】

（1）ダナオスの五十人の娘ダナイデスたちは、死後地獄で、篩あるいは孔のあいている容器で水を汲むように命じられ、永遠に果たすことのできないこの劫罰に服しているといわれる。

知性と恩寵

われわれは知性の力によって、知性に理解できないもののほうが、知性に理解できるものよりもより実在的であることを知っている。

＊

信仰、それは知性が愛によって照らされていることの体験である。

ただし、知性は、知性に特にそなわった手段、すなわち検証と論証とによって、愛の優位を認めなければならない。知性を愛に従わせるのは、理由がわかっている場合、それも完全に正確で明瞭なかたちでわかっている場合にかぎるべきである。さもないと、その服従は見当ちがいになり、知性の服従の対象は、たとえもっともらしいレッテルが貼ってあっても、超本性的な愛とは別ものである。たとえば、社会的な影響力など。

知性の領域での謙遜の徳は注意力にほかならない。

＊

あやまった謙遜は、人が「私」としての自分を、ある特定の人間存在としての自分を、無であると思いこむようにしむける。

真の謙遜は、自分が人間という存在として無であること、さらに一般的に、創られたものとして無であることを知ることである。

知性はこの認識に大きな役割を果たす。普遍的なものを念頭に置くべきである。

＊

＊

バッハの作品やグレゴリオ聖歌のメロディーを聴くとき、魂のありとあらゆる能力は、それぞれの流儀で、この完璧に美しいものを理解するために、緊張し、沈黙する。とりわけ知性がそうである。知性はそこに確認の対象も、否定の対象もなに一つ見出さないが、それによって涵養されるのである。

信仰は、この種の帰依であるべきではなかろうか？

信仰の秘義は、確認や否定の対象になると下落する。ほんとうは、観想の対象でなければならないのだから。

＊

まことの愛において知性が特にすぐれた役割を果たすのは、知性がつぎのような本性をそなえているからである。すなわち、知性にはそのはたらきを発揮するというほかでもないそのことによって目立たなくなる本性があるからである。私はさまざまな真理にたどりつくために努力することができる。しかし、それらの真理が手もとまでくると、真理の存在だけが目立って、私の存在はすっかり影をひそめてしまう。

知性ほど真の謙遜に近いものはなに一つない。知性を実際に行使しているときに、知性を自慢することは不可能である。それに、知性を行使しているときは、人はそれに縛りつけられていない。なぜなら、人はそのつぎの瞬間に自分が白痴になり、そのごも一生そうであるとしても、真理は相変わらず存在し続けることを承知しているから。

＊

カトリックの信仰の秘義は、魂のどの部分によっても信じられるというものではない。ミサ聖祭のパンのなかにキリストが現存するのは、パウロという人物の魂がパウロの肉体のなかに現存するのと同じような事実ではない（ただし、どちらの現存もまったく理解を越えているが、しかしその越えかたは同じではない）。したがって、聖体の秘蹟が私の魂のなかで事実の理解にあてられている部分の信奉の対象となるはずはない。この点ではプロテスタントの教えに一面の真理がある。しかし、聖体のパンのなかのキリストの現存は象徴ではない。なぜなら象徴は抽象と似姿《イマージュ》との組合わせで、人間の知性が思い浮かべることのできるなにものかであり、超本性的なものではない。この点ではカトリックのほうが正しい。プロテスタントはそうでない。自分自身のうちの超本性的なものに向けられている部分だけが、この秘義に参与するべきである。

知性——われわれ自身のなかで、肯定したり、否定したり、意見を述べたりする部分——の役割はただ従うことだけである。私が真実として思い浮かべることがら、それらはすべて「私には真相がわからないが、しかも私が愛することがら」よりも真実味に乏しい。十字架のヨハネは信仰を「暗夜」と呼んだ。キリスト教の教育を受けた人びとのなかには、魂の低い部分で、信仰の秘義に執着するものがある。じつは、彼らのその部分にはそんな資格などまったくないのだ。だからこそ、彼らは浄化を必要としており、十字架のヨハネは、浄化の階梯を描いている。無神論や不信仰は、この浄化と同等のはたらきをもつ。

＊

なにか新しいものを発見しようとする欲望は、すでに発見されたものに含まれている、ことばであらわしにくい超越的な意味作用に思いを凝らすことを妨げる。私には新しいものを発見する才能がまったく欠けているので、この欲望の生まれる余地がない。このことは私の受けた大きな恵みである。知的な資質に欠けていることを認め受け容れると、どうしても知性を無私無欲に行使せざるをえなくなる。

＊

われわれの探究の対象は超本性的なものであってはならない。世界であるべきだ。超本性的なものは光である。それを対象とすれば、それを低めることになる。

＊

世界はいくつかの意味作用をそなえたテクストである。人は一種の作業によって一つの意味から他の意味へと移って行く。この作業には肉体がいつも一役買う。ちょうど一つの外国語のアルファベットを習うのと同じである。このアルファベットは、文字をいくつも書いているうちに、手のなかにはいりこんでしまわなければならない。このほかに、思考方法にどんな変化が起こっても、それは錯覚にすぎない。

＊

さまざまな意見のなかから、あれこれとよりわけてはならない。それらをそっくりそのまま迎えいれるべきである。ただしそれらを垂直に組み上げて、それぞれ適当な段階に居を定めてやらなければならない。

こうして、偶然、運命、摂理。

*

知性はけっして秘義のなかに深くはいりこむことはできない。しかし知性は、それも知性だけが、秘義を表現することばの適不適を説明できる。そのために知性を行使するときは、ほかのどんな場合にもまして、それをとぎすまし、するどくし、正確で、厳密で、きびしいものにしなければならない。

*

ギリシア人たちは、真理のみが神聖なことがらにふさわしく、誤謬やおおよそのことはふさわしくないと信じていた。あることがらが神聖な性格のものであれば、それが正確であることを求める彼らの要求はいっそうきびしくなった（われわれはまさに正反対のことをしている。宣伝の習慣によってゆがめられているからだ）。ギリシア人たちは、幾何学のなかに神の啓示を認めたからこそ、厳密な論証の体系を創案したのである……

*

人間と超本性的なものとの相互関係のなかでは、数学の場合にもまして正確さを求めるべきである。科学よりも正確でなければならない†。

＊

デカルト的な意味での合理的なもの、すなわち機械的法則や人間がことばで表現できるような必然性は、それを想定できるところにならどこにでも想定しなければならない。それというのも、どうしても合理的なものに帰着できないものに光をあてるためである。

理性を用いると事物は精神に対して透明になる。だが透明なものは見えない。人は透明なものをとおして不透明なものを見る。透明なものが透明でなかったときに隠れていた不透明なものが見える。人はガラスの上のほこりを見たり、ガラスの向こうに風景を見たりする。しかしガラスそのものを見ることはけっしてない。ほこりを拭ったところで風景がはっきり見えるだけのことである。理性は、ほんとうの秘義、ほんとうに証明できないもの――それこそ実在なのだが――への到達を目的とする場合にかぎってその機能を発揮するべきである。理解されていないものがあると、理解を越えたものが隠れてしまう。だからこそ、理性のはたらきによって、理解されていないものを除去しなければならない。

＊

科学は、今日では、科学を越えたものに霊感の泉を求めるであろう。そうしなければほろびるであろう。

科学には三つの利点しかない。1、技術上の応用、2、チェス競技、3、神への道（チェス競技は、対抗試合や賞金やメダルなどで面白味を添えられている）。

＊

ピュタゴラス。幾何学を神秘的なものとみなしたからこそ、黎明期のこの学問にどうしても必要な注意の度合いを付与することができた。それに天文学は占星術から、化学は錬金術から生まれたものとみなされているではないか？　しかし、この親子関係を人びとは進歩と解釈しているが、じつは、注意の度合いが低下したのである。超越的な占星術と錬金術とは、天体や諸物質の組合わせなどが示す象徴のなかに、永遠の真理を観想することである。天文学と化学とはこの二つの術の下落したものである。魔術としての占星術や錬金術は、さらに低いかたちの下落である。注意がもっとも充実したかたちであらわれるのは、宗教的な領域を措いてほかにない。

＊

ガリレオ。近代科学は、その原理として無限の直線運動をもち、もう循環運動をもっていないので、もはや神への懸け橋とはなりえなかった。

＊

カトリックの信仰を哲学的に掃除する作業は一度も行なわれたことがない。それを行なうためには、内部にいると同時に外部にいる必要があろう。

†　ここにも、筆舌に尽くせないものの領域でしか解けない方法の一つがある。神秘的な生命は、神の裁量にもっぱら依存するものなのだが、それにもかかわらず、厳密な法則に従うのである。十字架のヨハネは、魂が神へ向かう旅程の幾何学的な図式を与えることができた。

読み†

他人。ひとりひとりの人間存在（自分自身の似姿《イマージュ》）を一つの牢獄として知覚し、そのなかには一人の囚人がまわりの全宇宙といっしょに閉じこめられていると知覚すること。

＊

エーレクトラーは、権力者たる父の娘であるが、奴隷の境涯に陥り、自分の弟にしか希望をつないでいなかったが、ある青年がこの弟の死を告げ知らせた——そして、悲嘆がその極に達したとき、この青年が弟であるとわかった。

「婦人たちはそれが園丁だと思っていた」（ヨハネ福音書二〇・一五）(1)。見知らぬ男のうちに自分の兄弟を認めよう。宇宙のなかに神を認めよう。

＊

公正。他人はその人がわれわれの眼のまえにいるとき（あるいはその人に思いをはせるとき）われわれがその人のうちに「読む」ところのものとは異なる存在であることを、いつでも容認するにやぶさかでないこと。あるいはむしろ、他人はわれわれがその人のなかに読みとるものとはたしかに異なった存在であること、おそらくはまったく異なった存在であることを「読む」こと。

人はだれしも沈黙のうちに異なった読みかたをされたいと叫び求めている。

*

われわれは他人を読む。しかしまた同時に他人によって読まれている。この二つの「読み」は干渉し合う。ある人に対して、われわれがその人について行なう「読み」と同じものを、その人もまたその人自身について行なうようにと強制すること（奴隷の状態）。ほかの人びとに対して、われわれが自分自身について行なう「読み」と同じものをわれわれについて行なうように強制すること（征服）。機械的な操作。往々にして、つんぼ同士の対話。

*

愛徳と不正とはいくつかの「読み」によらなければ定義づけられない——したがってどんな定義づけの枠からもはみ出ることになる。悔い改めた盗賊にまつわる奇蹟は、彼が神のことを考えたということにあるのではなく、彼が自分の隣人のなかに神を認めたことにある。鶏が啼くまえのペトロは、キリストのうちに神をもう認めていなかった。

ほかの人びとは偽預言者のうちにまちがって神を読み、その人物のためにみずからの生命を捨てる。

自分が正しく読むであろうと自負できる人があるだろうか？

人は、正義にそむこうとする意志によって、もしくは正義のまちがった「読み」によって、不正になりうる。ただしほとんどいつも後者の経過をたどるものだ。

正義を愛しているからといって、まちがった「読み」をしないですむ保証になるだろうか？

すべての人がいつも各人の「読み」による正義に従ってふるまっているとしたら、正義と不正のあいだにどんな違いがあるだろう？

ジャンヌ・ダルク。今日、彼女のことについて美辞麗句をつらねて弁じる人びとがあの当時に居合わせたら、ほとんどみな彼女に有罪の判決をくだしたであろう。それに、彼女を審いた人たちは彼女を聖女もしくは処女などとしてではなく、魔女、異端として、有罪の判決をくだしたのである。††

まちがった「読み」の誘因。世論、情念。

世論は非常につよい誘因となる。われわれは、ジャンヌ・ダルクの生涯のなかに、当時の世論がわれわれに口授するところのものを読む。その世論は不確かなものだったのに。そしてキリストの場合も……

虚構の道徳上の問題のなかには、中傷は存在しない。

身の潔白が認められないとすれば、無実のものはどんな希望をもてよう？

＊

いくつかの「読み」。「読み」は——ある程度すぐれた注意力をそなえている場合を除いて——重力に従う。人は重力によって示唆された意見を読む（われわれが人間や出来ごとについてくだす評価のなかで、情念と社会的な慣例墨守が占める優位）。

注意力がよりすぐれた特性をそなえていれば、重力そのものを読むことができるし、それに、ありうるさまざまな釣合いの体系も。

＊

読みの階梯。感覚の奥に必然性を読むこと、必然性の奥に秩序を読むこと、秩序の奥に神を読むこと。

＊

「審いてはならない」（マタイ福音書七・一、ルカ福音書六・三七）。キリスト自身も審かなかった。彼は審きなのである。審きの尺度として苦しむ清浄《イノサンス》なのである。

審き、透視画法。この意味で、どんな審きもその審きをくだす人を審く。審いてはならない。審かないということは無関心でも回避でもない。それは超越的な審きであり、われわれには不可能な神の審きに倣うことである。

† シモーヌ・ヴェーユのあたまのなかでは、この単語はつぎのような意味をもつ。感情による解釈、具体的な価値判断。たとえば、私が塀を乗り越えるある男を見たとする。本能的に（そしてたぶんあやまって）私はこの男のなかに泥棒を「読む」。

†† まちがった「読み」にまつわる福音書の章句を参照。「父よ、彼らをゆるしたまえ。彼らはなにをしているかを知らないからです」（ルカ福音書二三・三四）。「あなたたちを死に処するであろう人が、それによって神に仕えていると思いこむときがくるであろう」（ヨハネ福音書一六・二）。

【訳注】

（1） よみがえったイエス・キリストのマグダラのマリアへの出現。

ギュゲス(1)の指輪

キリスト教文明以外の諸文明。それらの諸文明に欠陥があるのは、それぞれの文明を支えている宗教の不十分さの証しであると考えられている。しかしながら、ヨーロッパの二千年の歴史をたどってみれば、すくなくともそれに匹敵する欠陥をたやすく見出すことができる。アメリカが虐殺によって、アフリカが奴隷売買によってだいなしにされたこと、南フランスに起こったかずかずの虐殺事件など、こうしたことがらはギリシアの同性愛やオリエントの痛飲乱舞の儀式に十分匹敵する。それなのに、ヨーロッパではキリスト教の完全さにもかかわらずこうした汚点が生じたとされ、キリスト教以外の文明の場合は宗教の不完全さのせいにされている。

これはまちがった判断のからくりを示すまたとないよい例であり、それについてはじっくりと考えてみる必要がある。別扱いにすること。ヨーロッパの人びとは、インドやギリシアを評価するとき、悪を善と関連させる。キリスト教を評価する場合は、悪を別扱いにする。†

人は意識しないで別扱いにしている。だからこそ危険なのだ。あるいは——このほうがもっとよくないのだが——意志を行使しながら別扱いにしている。それも、自分自身の眼を避けるような意志を行使しながら。いったん別扱いにしてしまったあとでは、もう自分が別扱いにしたものを知らない。人はそれを知りたがらない。そして、知ろうとしないようにつとめているうちに、しまいには知ることができないようになる。

この別扱いにする能力によってあらゆる犯罪が可能になる。教育や訓練によってしっかりした人間関係がつくりあげられた領域内ではそんなことはないが、その領域のそとにあるすべてのものにとっては、この能力が無制限の放縦の鍵になる。それが人びとの支離滅裂なふるまいのもとになる。とりわけ、社会的な要素や集団的な感覚（戦争、国家同士や階級相互間の憎しみ、ある一つの党派や一つの教会に対する忠誠、等々）が介入するときはいつもそうである。社会的なことがらに付随した威信につつまれているものはすべて、残余のものとは別の場所に安置され、ある種の関係の支配をまぬがれる。

快楽の魅力にまけるときもこの鍵が用いられる。

私がこの鍵を使うのは、しなければならないことを一日のばしにのばすときだ。私はそのことと時間の流れとを切りはなす。

この鍵を投げ捨てることほどのぞましいことはない。もう二度とひろい上げることのできないような井戸の底深く投げこむべきであろう。

眼に見えなくなったギュゲスの指輪、それはまさしく別扱いにする行為である。自分自身を自分の犯した罪と切りはなして別扱いにすること。両者のあいだに結びつきを設けないこと。

鍵を投げ捨てる行為、ギュゲスの指輪を投げ捨てる行為、それは意志に特有の努力である。洞窟のそとに骨を折って手さぐりで出ようとする歩みである。

ギュゲス。「私は王になった、そしてもう一人の王は暗殺された。」この二つのことがらのあいだにはなんのかかわりもない。これが指輪のなせるわざだ。

ある工場主。「私はあれこれと費用のかかる楽しみをもっているが、私の職工たちは窮乏にあえいでいる。」彼がその職工たちのことを心から同情しながら、しかも結びつきをもたないこともありうる。

というのは、思考が交じわりをつくり出さなければ、どんな関係も結ばれないからである。2と2とはいつまでたっても2と2である。思考によってそれらが加えられて4にならないかぎりは。われわれは、結びたくない関係をわれわれが結ぶようにしむけたがる連中を憎む。

類似したいくつかのものごとのあいだに、たとえそのなかのあるものが、われわれに個人的なかかわりをもち、愛着の対象である場合でさえも、相似の項同士の関係と同じ関係を設けること、それが正義というものだ。

正義の徳は本性的なものと超本性的なものとの接触点に位置する。それは意志と明晰な知性の領域に属し、したがって洞窟のなかにある（われわれの明晰さは、実は暗闇なのだから）。だが、人は光のなかにはいって行くあてがなければ、そのなかでもちこたえることはできないものだ。

† シモーヌ・ヴェーユはここで深い真理を説き明かしているが、あまりよい例を選んでいるとはいえない。あるキリスト教徒（たとえば宗教裁判所判事）が残酷にふるまった場合、彼がその宗教にそむいて行動したと認めることは十分許容される。なぜなら、彼の宗教は愛徳を命じているからである。しかし、あるナチ党員が同じようにふるまった場合は、彼のふるまいを（すくなくとも部分的に）彼の主義のせいにしてさしつかえない。なぜなら、彼の主義は残酷さを正当と認めているのだから。

【訳注】

（1） リディア（小アジア）の牧夫。伝説によれば、おのが身を隠す魔力をそなえた指輪を所有し、カンダウレス王に仕えて首相となり、やがて王を暗殺して王位に就き、メルムナド王朝の創始者となった（前七世紀）。

宇宙の意味†

われわれは全体の一部分であり、全体を真似なければならない。

＊

アートマン[1]。一人の人間の魂が全宇宙をからだとするように。その人の魂と全宇宙との関係が、蒐集家とそのコレクションとの関係、あるいは「皇帝万才！」と叫びながら死んだ兵士たちの一人とナポレオンとの関係と同じであるように。魂は現在の肉体のそとに出て、ほかのもののなかに位置を移す。どうかそれが全宇宙のなかに位置を移すように。

宇宙そのものと同化しなければならない。宇宙より小さなものはすべて苦しみのくびきに従っている。

私が死んだところで事態は変わらない。宇宙は存続している。私が宇宙とは別ものだとしても、私の心は慰められない。とはいえ、もし宇宙が私の魂にとって、他人の肉体と同じようなものであれば、私の死は私にとって見知らぬ人の死以上の重要性をもたなくなる。同様に私の苦しみもまた。

＊

全宇宙の私のからだに対する関係が、盲人の杖の盲人の手に対する関係のようであってほしい。盲人はもう現実にはその感覚を手にそなえていない。むしろ杖の先にそなえているのである。そうなるには年季がいる。

自分の愛を純粋な対象に局限することと、それを全宇宙に及ぼすことは、同じことである。

自己と世界の関係を、職人が年季を入れて自分と道具との関係を変えるように、変えること。怪我をすること、それは職がからだのなかにはいったことである。どうか、苦しみの一つ一つが、宇宙をからだのなかに入れるものであるように。

習慣、熟練。意識を自分のからだ以外の対象に移すこと。

その対象が、どうか、宇宙、四季、太陽、星であるように。

からだと道具との関係は、年季を入れているあいだに変わってくる。からだと世界との関係を変えなければならない。

人は執着から脱け出すのではなくて、執着の対象が変わるのである。あらゆるものに執着すること。

五感のそれぞれをとおして宇宙を感じること。そうすれば、そのことが楽しみを与えようと苦痛を与えようとどうでもよい。久しぶりに再会した愛するものと握手する場合、つよくにぎられて痛みを感じたところで、それがなんだろう？

苦痛にはある一つの段階があって、その段階に達すると人は世界を失う。だがそのあとで、やわらぎが訪れる。そして激しい苦痛がまた起これば、そのあとでやわらぎもふたたび訪れる。もし人がこのことを知っていれば、ほかならぬこの段階がやわらぎへの期待となり、したがって、その人と世界との接触も断ち切られずにすむのである。

＊

両極端の傾向。宇宙のために自我をほろぼすことと、自我のために宇宙をほろぼすこと。無になることのできなかったものは、自分以外のすべてのものが存在することをやめる瞬間に遭遇するおそれがある。

＊

外的な必然性、あるいは呼吸することのようにやむにやまれぬ内的必要。「中心としての気息(2)となろう。」たとえ、胸に痛みがあって呼吸が極度に苦しくても、人は呼吸する。ほかになすすべはない。

＊

肉体的な生命のリズム（呼吸）を世界のリズム（天体の運行）と組み合わせることが必要である。

絶えずこの組み合わせを感じ、また、物質の絶え間ない交換——それによって人間は世界のなかに浸っている——を感じること。

人間が生きているかぎりなにものによっても奪われることのないもの。意志の掌握下にある運動としては呼吸、知覚としては空間（たとえ土牢のなかで、眼がつぶれ鼓膜が破れていても、生きているかぎり空間は知覚される）。

こうしたことがらに思惟を結びつけて、どんな状況もわれわれからその思惟を奪うことができないようにのぞむこと。

＊

隣人を自分自身のように愛せよということは、すべての存在を平等に愛せよということではない。なぜなら、私は自分自身の存在のありかたのすべてを平等に愛するわけではないから。といって、すべての存在をけっして苦しませてはいけないということでもない。なぜなら、私は自分自身を苦しめることを拒みはしないから。むしろ、各人に対して宇宙についてのある一つの考えかたともう一つの考えかたとの関係のような関係をもつべきであり、宇宙の一部分との関係のような関係をもつべきではない。

＊

世界のある一つの出来ごとを承認しないこと、それは世界が存在しないようにのぞむことにほかならない。ところがそのようにのぞむことは、私としては自分の権限内のことである。私がのぞめば、そののぞみがかなう。すると、私は世界のなかにできた一種の腫れものになる。

民話のなかの願いごと。願いごとというものはかなえられるおそれがある。

世界が存在しないようにとのぞむこと、それは私が、現在あるがままの姿で、あらゆるものであるようにとのぞむことである。

*

宇宙全体が、私の足もとの小石から、いちばんはるかな星に至るまで、いつも私のために存在するようにのぞむこと。ちょうど、アルノルフに対するアニエス[3]のように、アルパゴン[4]に対する小箱のように。

私がのぞめば、世界は私のものになりうる。ちょうど財宝が守銭奴のものになるように。

だが、それはふえない財宝である。

*

このどうしてもなくならない「私」、それが私の苦しみのどうしてもなくならない土台である。

この「私」を普遍的なひろがりをもつものにすること。

*

私のなかに一度もよろこびがなかったからといって、それがなんであろう。神のうちには絶えず完全なよろこびがあるのだから。美、知性、そのほかすべてのことについても同じこと。

＊

自分の救いをのぞむのはよくないことである。利己的だからいけないというわけではない（人間は自分の意のままにエゴイストになれるわけではないから）。むしろそうすることが、魂を充溢した存在に向けず、無条件に存在する善にも向けないで、個別的で偶有的な可能性にすぎないものに向けることになるからである。

＊

私がのぞむものはすべて存在するか、存在したか、あるいはどこかに存在するはずのものである。なぜなら、私には完全な虚構をこしらえあげる力がないからである。したがって、このののぞみが満たされないわけはない。

＊

Br……(5)かつて私は、彼の生きている姿を思い浮かべずにはいられなかった。彼の家は彼とこころよい会話を交じえる場所としてしか思い浮かべられなかった。それゆえ、彼の死という事実の意識はおそろしい沙漠をつくり出した。金属のようなひややかさ。ほかに愛すべき人がいたところで、それがどれほどの重みをもちえただろう？　私が彼に向けていた愛は対象を失った。それに、私は彼と意見をとりかわすとき、その輪郭を心に描いたものだったが――それは彼を相手にするときにかぎって可能だった――その輪郭もまた対象を失ってしまった。いまは、私はもう彼を生きた姿で思い浮かべない。彼の死はもう耐えがたいものではなくなっている。彼の思い出は私にとってこころよい。しかし、あの当時私の知らなかった人びとで、いまもしその人びとが死んだとしたら、彼の死と同じような感慨を私に起こさせるような人びとがいる。

D……はまだ死んでいない。しかし私が彼にいだいていた友情は死んだ。同じような苦痛をともなって。彼はもはや影にすぎない。

だが私はX……Y……Z……について同じような変化が起こりうるとは考えられない。この人たちはそれでもつい最近までは私の知り合いではなかったのだが。

両親というものは三年まえに自分たちの子供が「無」であったことを実感できないものである。それと同じように、自分の愛する人びとを知らなかったときのことを思い浮かべるのはきわめてむつかしい。

私の愛しかたがつたないらしい。でなければ、事物は私にこんな姿を見せないだろうに。私の愛はある人びとに縛りつけられてはいないだろうに。愛に値するすべてのものに向けられているだろうに。

「あなたたちの天の父が完全であるようにあなたたちも完全なものになりなさい……」〔マタイ福音書五・四八〕。

太陽が光を与えるように愛すべきである。自分の愛を自分自身にひきもどし、それからすべてのものごとに及ぼすべきである。神だけはすべてのものを愛し、しかも自分自身のみを愛している。神のように愛することは思ったよりずっとむつかしい。

＊

私は全宇宙を私の悲惨《ミゼール》でよごすことができる。しかもその悲惨を感じもせず、自分自身のうちにとり集めることもせずに。

＊

想像と事実のくいちがいに耐えなければならない。

「この景色はみにくい」というよりも、「私は苦しむ」というほうがよい。

＊

世界の秤――ゼウスの黄金の秤(6)――の上で、自分自身の重さを変えようと思ってはならない。

＊

牝牛というものは全身で乳を出すものである。もっとも、乳は乳房からしかしぼれないが。同じように、世界は聖性を生む。

† ここでは魂と宇宙を同化しているが、汎神論とはなんのかかわりもない。宇宙を律している盲目的な必然性を完全に受け容れるためには、宇宙を超越する神に愛によって帰依するほかはない。「この世界は、まったく神を欠いているかぎりで、神自身なのである」（本書一八八ページ参照）。

【訳注】

（1）サンスクリット語で「我」を意味する。インド哲学におけるもっとも重要な概念の一つ。
（2）「気息」はサンスクリット語のプラーナの訳語である。アートマン（我）やブラフマン（梵）のかわりに用いられることもある。『ヴェーダ』のなかでは宇宙の根本原理とみなされているが、『ウパニシャッド』のなかでは人間のもろもろの機能の中心とみなされている。
（3）『女房学校』のなかで四十二歳のアルノルフが結婚の相手にしようとする十七歳の娘。
（4）モリエール『守銭奴』の主人公。
（5）Brで始まる苗字（あるいは名前）をもつ友人。
（6）ヘクトールとアキレウスの運命をさだめるためにゼウスが天上で用いた黄金の秤（『イーリアス』第二十二巻参照）。シモーヌ・ヴェーユは『ノート』のなかで、「ゼウスの黄金の秤」を、盲目的な必然性のシンボルであると同時に、義しい人の裁定のシンボルでもあるとみなしている。

仲立ち(1)

創られたものはすべて私の目的となることを拒む。これが神の私に対するこの上もない憐れみである。そして、ほかならぬそのことが悪を構成する。悪は現世における神の憐れみの形象化である。

＊

この世界は閉ざされた扉である。それは一種の障壁である。そして同時に、通路でもある。

＊

隣り合わせの独房に閉じこめられ、壁をこぶしで打って連絡をとる二人の囚人。壁は二人をへだてるものである。しかしまたそのおかげで彼らは連絡をとることができる。われわれと神のあいだがらも同じことだ。障壁というものはどれもこれも一種のきずななのである。

＊

われわれは善への欲求をある一つのことがらに集中することによって、そのことがらを生存を支える一つの条件とする。しかし、だからといって、そのことがらを一つの善にするわけではない。われわれにとっては、いつも、存在することだけでは不足なのである。

＊

創られたものは仲立ちとなることを本質としている。あるものがほかのものへの仲立ちとなり、それがまた別のものへの仲立ちとなって、尽きることを知らない。それらは神へ導く仲立ちなのである。創られたものをそのような本質をもつものとして体験しなければならない。

＊

ギリシア人たちの橋――われわれはそれらを相続した。しかしその用法をもはや知らない。われわれはそれが、その上に家を建てるためにつくられたものだと思いこんだ。そこに摩天楼を建て、その上に絶え間なく階をつけ足している。われわれはもう、それらが橋であり、人がその上をわたるためにつくられ、そこをとおって神のほうに行くものであることを失念している。

＊

超本性的な愛で神を愛するものだけが、手段を単なる手段としてみなすことができる。

＊

権力（それに、権力の親鍵《パスパルトゥー》である金銭）は単なる手段である。だからこそ、理解していないすべての人びとにとって、それが至上の目的になるのだ。

＊

この世界は、必然性の領域で、そこには手段を除いてはまったくなにもない。われわれの意志は、一つの手段から他の手段へ、まるでたまつきのたまのようにたらいまわしにされている。

すべての欲望は、口腹の欲のように、矛盾を含むものである。私は自分の愛する人が、自分を愛して欲しいと思う。しかし、もしその人が私にすっかり身を献げるようになれば、彼はもう存在しなくなり、私は彼を愛することをやめる。だが、彼が私にすっかり身を献げていないかぎり、彼は私を十分に愛していないのだ。飢えと満腹の関係。

＊

欲望は悪しきものであり、人をあざむくものである。とはいえ、欲望がなければ、人は真の絶対も、真の無限も求めないだろう。一度は欲望を経なければならないのである。疲労のために欲望のみなもととなる補充エネルギーを奪われている人びとの不幸。

それと、欲望のために盲目になっている人びとの不幸。
自分の欲望をこの両極の中軸に据えなければならない。

＊

いったいどんなものが、それをほろぼすと冒涜になるのだろう？　低いものではない。そんなものにそれほど重要性があるはずはないから。高いものでもない。なぜならほろぼそうにも手がとどかないから。仲立ち。仲立ちは善と悪の領域である。

どんな人間存在からもその仲立ちを奪ってはならない。すなわち（家庭、祖国、伝統、文化、等々のような）相対的で混淆したことがらを奪ってはならない。こうしたことがらは、魂をあたため養うもので、それらがなければ、聖性の域に達していないかぎり、人間としての生活が不可能になるからである。

＊

純粋に地上的な幸せは仲立ちである。人が他人の幸せに敬意を表することができるのは、自分が享受している幸せを単なる仲立ちとしてみることができる場合にかぎる。このことは、その人が自分の幸せなしですませる点に向かってすでに一歩踏み出していることを意味する。たとえば、よその国ぐにに敬意を表するためには、自分自身の国を偶像としてではなく、神に向かう一つの踏み石とみなさなければならない。

＊

すべての能力がただ一つの原則から出発して互いに混じり合わずに自由にそれぞれの役を演じている状態。それがミクロコスモスであり、世界の雛形である。トマス・アクィナスによるキリスト。『国家《ポリーティアー》』のなかの義人。プラトンが専門化について語るときは、人間にひそむ能力の専門化について述べているのであり、人びとの専門化について語っているわけではない。彼が階級組織について語る場合についても同じことがいえる。――物質的なものは、霊的なものによって、霊的なもののために、意味をもつにすぎない。ただし、霊的なものと混じり合うことはない。物質的なものは、郷愁にうながされ、自己の超出《デパスマン》を経て、霊的なものに導かれる。橋としての、仲立ちとしての物質的なものの役割。それがギリシアやプロヴァンスの天職だった。

＊

ギリシア人たちの文明。力への賛美はまったくみられない。地上的なものは橋にすぎなかった。魂のもろもろの状態のなかで、強烈さは求められず、純粋さが求められていた。

【訳注】

（1）シモーヌ・ヴェーユの『ノート』のなかでは μεταξύ というギリシア語で示されている。

美

美、それは偶然と善との調和である。

*

美は必然なものである。そしてそれは、それ自身の法則に、しかもその法則だけにかないながらも、善に服従している。

*

科学の対象。美しいもの（すなわち、秩序、釣合い、調和）、ただし、超感覚的で必然的なものであるかぎりにおいて美しいもの。

芸術の対象。偶然と悪の網をとおして知覚される、感覚的で偶有的な美しいもの。

自然のなかの美しいもの、感覚的な印象と必然性の感覚の結びつき。美しいものは（なにを措いてもまず）そうでなければならないし、まさしくそうなのである。

＊

美は肉を誘惑する。魂にまでたどりつく許可をえるために。

＊

美しいものは、相矛盾するもののさまざまな結びつきを含んでいるが、とりわけ瞬間的なものと永遠なものとの結びつきを内包している。

＊

美しいもの、それは熟視に耐えるものである。何時間もの熟視に耐えられるような一基の立像、一枚の画である。

美しいもの、それはわれわれの注意をその上に固定させるなにものかである。

グレゴリオ聖歌。同じものを一日に何時間も、そして毎日繰り返してうたえば、最高至上の傑作よりほんのわずか劣る作品でさえも、我慢がならなくなり、曲目からはずされてしまうものだ。

ギリシア人たちは自分たちの神殿を眺めた。われわれがリュクサンブール公園の立像を我慢しているのは、それらを眺めないからである。

無期の禁固刑に処せられた囚人の独房にかけておいても、耐えがたい気持ちにさせるどころか、むしろその反対であるような一枚の画。

＊

うごきのない劇だけがほんとうに美しい。シェークスピアの悲劇は、『リア王』を除いて、第二流のものである。ラシーヌの悲劇は、フェードルを除いて、第三流のものである。コルネーユの悲劇は第ｎ流のものである。

＊

一つの芸術作品には作者がある。とはいえ、その作品が完璧であれば、そこには本質的に作者の名前を背後におしやるなにものかがある。それは、神のわざの匿名性の敷き写しである。同じように、世界の美は、神が人格的な存在であると同時に超人格的な存在であること、そのいずれか一方だけの存在ではないことを証している。

＊

美しいものは、人を遠ざける官能的な魅力であり、放棄を予想させるものである。それには心のいちばん奥深いところでの放棄、すなわち想像力の放棄も含まれている。美しいもの以外で欲望の対象となるものはすべて食欲をそそる。美しいものは食欲をそそらずに、欲望の対象となるものである。われわれはそれがそうであって欲しいと思う。

*

じっとしていなければならない。そして、欲求の対象になっているが近づくことのできないものに結びつくこと。

このようにして人は神に結びつく。神に近づくことはできないのである。

へだたりは美しいものの生命である。

*

眺めることと待つこと、これが美しいものに対してとるべき態度である。人が考え、のぞみ、願うことができるあいだは、美しいものは現われない。だからこそ、どんな美のなかにも、矛盾や苦悩や欠けたところがあり、それらは削除できないものなのである。

*

詩、ありえない苦痛とよろこび。刺すような感触、郷愁。プロヴァンスの詩やイギリスの詩はそうしたものである。あまり純粋で混ぜものがないために、苦痛を与えるよろこび。あまり純粋で混ぜものがないために、いたみをやわらげる苦痛。

＊

美、手をさしのべずに眺める果実。

同じことが、あとずさりせずに眺める不幸についてもいえる。

＊

二つの方向をもつ下降運動。重力の行なうことを、愛によって、もう一度行なうこと。この二つの方向をもつ下降運動が、すべての芸術の鍵ではないだろうか†？

＊

この下降運動は、恩寵を映す鏡であり、すべての音楽の本質である。あとの部分は、この本質のふちどりとして役立つだけである。

音符の上昇は純粋に感覚的な上昇である。下降は感覚的な下降であると同時に霊的な上昇である。そこに、あらゆる存在のあこがれる天国がある。本性の傾きが、どうかわれわれを善に向かって上昇させるように。

＊

「これは美しい」という混じり気のない真正の感情をわれわれの心に生じさせるすべてのもののなかに、神は実際に現存する。世界のなかにはいわば神の受肉のようなものが存在しており、美はそのしるしである。

美しいものは受肉が可能であることを実地に示す証拠なのだ。

したがって、すべて第一級の芸術は本質からして宗教的なものである（今日ではこのことが忘れられている）。グレゴリオ聖歌の一つのメロディーは、一人の殉教者の死と同じように、受肉の可能性を証す力をもつ。

*

美しいものが物質世界における神の現存であり、美しいものとの接触がことばの十全な意味で秘蹟であるというのに、どうして、あれほど多くの背徳的な耽美主義者が輩出したのだろう。たとえば、ネロ。これは、黒ミサ[1]の愛好者が聖別された聖体のパンを渇望するのと軌を一にしているのだろうか？　それとも、もっとありそうなことだが、こういう人たちは、真正の美しいものにではなく、その粗悪な模造品に執着しているのではないだろうか？　なぜなら、神の芸術があるように、悪魔の芸術もあるからだ。ネロが愛したのはおそらく後者だろう。われわれの芸術の大部分は悪魔的である。

音楽の熱烈な愛好家が背徳漢であることも十分ありうる――しかし、グレゴリオ聖歌を渇望する人が背徳漢であるとはとても考えられそうもない。

われわれは罪を犯した結果呪われた存在になってしまったに相違ない。宇宙の詩をすっかり失ってしまったのだから。

＊

＊

芸術は間もなく未来を失おうとしている。というのは、どんな芸術も集団的になっている一方、もはや集団生活がなくなっているからである（生命を失ったいくつかの集団しか存在しない）。それに、肉体と魂のあいだに結ばれていたほんとうの協定が決裂しているせいでもある。ギリシア芸術は幾何学の揺籃期と時を同じくし、運動競技の隆盛期とも時を同じくした。中世の芸術は家内工業と、ルネッサンスの芸術は機械の誕生と、時を同じくした……一九一四年以来、完全な断絶が生じる。喜劇でさえほとんどありえないものになっている。諷刺詩のつくられる余地しかない。（ユウェナーリス(2)の作品がもっとたやすく理解できたのはいつのことだったのだろう？）芸術が息を吹きかえすことがありうるとしても、それは収拾のつかない無政府状態のただなかからにちがいない——それはきっと叙事詩だろう。なぜなら、不幸が多くのことがらを単純化してしまっているだろうから。……だから、ダヴィンチやバッハを羨ましく思う必要はまったくなくなる。現代の偉大さは別の道をとらなければならない。しかもそれは、孤独で、わかりにくく、反響のないものにならずにはすむまい……（ただし、反響がないところには、芸術もないのだが）。

†「古聖所ニクダリテ……」(Descendit ad inferos….) キリストが一度冥界にくだってから天に昇ったように、偉大な芸術は、別の次元で、愛によって重力を娶り、重力によってもたらされた下降の埋め合わせをする。

【訳注】

(1) ミサをもじって聖体のパンを冒涜する淫猥な儀式。その実例はたとえばユイスマンスの『彼方』などに描写されている。

(2) デキムス・ユーニウス・ユウェナーリス。六七年―一三〇年頃ローマ最高の諷刺詩人。

代数学

金銭、機械の使用、代数学。現代文明の三つの怪物。申しぶんのない類似。

*

代数学と金銭とは本質的に均一化するはたらきをもつ。前者は知的な面で、後者は実際的な面で。

*

プロヴァンスの農民たちの生活は、およそ五十年ほどまえから、ヘシオドスの記述になるギリシアの農民たちの生活と似ることをやめた(1)。五十年ほどまえに、ギリシア人たちが予想したような科学による破壊が起こったのである。金銭と代数学が同時に勝ちほこった。

*

記号と記号であらわされるものとの関係が失われたので、記号同士のいたちごっこが記号そのもののために記号そのものを用いておびただしく繰り返されている。そして、複雑さがますます募るにつれて、記号をまた別の記号であらわさなければならなくなり……

＊

現代世界のさまざまな特徴のなかでも、努力と努力の結果との関係を具体的に考えることが不可能になっていることを忘れてはならない。あまりにも中間の存在が多すぎるのである。ほかの場合と同じように、ここでもこの関係はどんな思惟のなかにも宿らず、一つの事物のなかに宿っている。金銭。

＊

集団的思考は思考として存在しえないので、事物（記号、機械……）のなかにはいりこんでしまう。そこからつぎのような逆説が生まれる。思考するのは事物であり、事物の状態に追いこまれたのは人間なのである、という逆説。

＊

集団的思考などはまったくない。そのかわりに、科学は技術同様集団的である。専門化。われわれは結果だけではなく、よくのみこんでいない方法まで相続する。それに、結果と方法とは切りはなせない。なぜなら、代数学の結果がほかの諸科学に方法を供給するのだから。

＊

文明の財産目録をつくること、もしくはそれを批判すること、これはどういうことを意味するのだろう？　人間をみずからの手で創り出したものの奴隷にした罠の正体を明らかにしようとすることである。方法的な思考と行動のなかに、どんな経路をたどって無意識状態がしみ込んだのだろう？　未開社会への逃避は怠惰な解決策である。われわれがその渦中に住んでいる文明のなかに、精神と世界とのあいだに結ばれた原初の協定を再発見しなければならない。しかし、これは成しとげられそうもない仕事だ。人生はみじかいし、協力も継承も到底えられそうもないからである。だがそれだけでは、この仕事をこころみない理由として十分ではない。われわれはみな、ソクラテスが獄中で死を待ちながら竪琴の演奏を習っていたときと相似た状況にある……ソクラテスに倣えば、すくなくとも、生きていたことになるだろう……

＊

量の重みに屈する精神は能率以外の基準をもたない。

＊

現代生活はすっかり節度を失っている。この節度の喪失はあらゆるものを浸蝕している。行動と思考を。公的生活と私的生活を。そこから、芸術の退廃が生じる。もうどこにも均衡はない。カトリックの運動はそうした傾向にある程度抵抗している。すくなくともカトリックの儀式だけは無疵のまま残っている。ただし、そのためにそれはほかの生存とのかかわりを失っている。

*

資本主義は自然の脅威から集団としての人間を解放した。ところが、今度はこの集団が、以前は自然がふるっていた抑圧の機能をうけついで、それを個人としての人間に対して行使するようになった。

これは物質的なことがらにもあてはまる。火力、水力、等々。こうした自然の力をすべて、集団はわがものにした。

問題。社会が獲得したこの解放を個人に移し渡すことができるだろうか？

【訳注】

（1）ヘシオドスの作品『仕事と日』の中枢部は、農耕を正しく行なう方法を述べた一種の農事暦である。

社会の烙印を(1)

人間は、行動とその結果のあいだに、努力と作品のあいだに、外部の意志が介在するかぎり、奴隷である。

今日では、奴隷にも、主人にも、そのような状況が見られる。人間は一度も自分自身の活動の諸条件とまともに向き合わない。社会が自然と人間のあいだをさえぎっている。

＊

人間たちとではなく自然とまともに向かい合うこと、それが唯一の鍛練である。外部の意志に依存すること、それは奴隷になることだ。ところが、それがすべての人間の運命なのである。奴隷は主人に依存し、主人は奴隷に依存している。このような状況が人を懇願的にしたり、専制的にしたり、さもなければその両方にしたりする（「スベテニツケテ支配権ノタメニハ奴隷ノヨウニスル」omnia serviliter pro dominatione）。それにひきかえ、うごきのない自然をまえにしていると、人は思考する以外にてだてがなくなる。

＊

抑圧などという観念を設けるのは要するにおろかしいことだ。『イーリアス』を読みさえすればそのことがわかる。まして、抑圧を加える階級という観念を設けるのはなおさらおろかしいことである。ただ、社会の抑圧的構造なら話題にもなりうるが。

＊

奴隷と市民とのちがい（モンテスキュー、ルソー……）。奴隷は主人に、市民は法律に服従する。見かたによっては、主人が非常にやさしく、法律が非常に苛酷な場合もありうる。しかし、事態はすこしも変わらない。すべては、気まぐれと規則とのあいだにへだたりがあるせいである。

気まぐれへの従属がなぜ隷属なのだろう？　その究極原因は、魂と時間の関係にひそんでいる。他人の気ままさに従属する人は時間の糸に吊り下げられている。彼はつぎの瞬間がもたらすものを待つ（もっとも屈辱的な状況……）。彼は自分の瞬間を意のままにできない。彼にとって現在は梃子の一端ではない。もしそうであれば、そこに加えた圧力を未来に及ぼすことができるのだが。

＊

事物と向き合うことは精神を自由にする。人びとに向き合うことは、もしその人びとに依存しているとすれば、精神の品位をさげる。その依存が服従のかたちをとるにせよ、命令のかたちをとるにせよ。

どうしてこのような人びとが自然と私のあいだに介在するのだろう？

未知の思想に頼らなければならないようにはけっしてならないこと……（そうなると偶然の手に身をゆだねることになるからだ）。

救済手段。兄弟関係にある人たちはさておき、そのほかの人びとを一種の見せものとみなし、けっして友情を求めないこと。人びとのあいだで、サン＝テチェンヌからル・ピュイ行きの混雑した客車のなかにいるようにふるまうこと[2]……とりわけ勝手に友情を夢みるようなことをけっしてしないこと。なにごとにもその応報があるものである。あなた自身だけをあてにするように。

*

抑圧がある段階に達すると、それからさきは、権力者たちが必然的に奴隷たちから崇められるようになる。なぜなら、完全に束縛され、他の存在にもてあそばれているという考えは、人間にとって耐えがたいものだから。したがって、束縛をまぬがれるすべての手段が奪われると、もはやつぎのような方便しかなくなる。つまり、自分を束縛していることがらそのものをみずからすすんで遂行しているのだと信じこむこと、ことばをかえていえば、服従を献身にすりかえることである。それどころか、その人は往々にして課せられている以上のことをしようとつとめさえする。しかもそうすることによって彼の苦しみは減るのである。子供たちは、罰として加えられたら参ってしまうような肉体的苦痛でも、遊んでいるときなら笑って我慢するものだが、それと同じことだ。このようなまわりみちを経て、隷属は魂の品位を低めるのである。じじつ、この献身は虚偽にもとづいている。なぜなら、その動機は審査に耐えないしろものだから（この点でカトリック的な従順の原則は自由をもたらすものとみなすべきである。それにひきかえ、プロテスタンティスムは犠牲と献身の理念を基盤としている）。救いをもたらす唯一の方法は、束縛されているという耐えがたい思いを、献身という錯覚で置き換えることではない。必然性という考えによって置き換えることである。

他方、反抗は、それがすぐにはっきりとした有効な行為に移行しないと、そのことから生じるはげしい無力感の惹き起こす屈辱感にわざわいされて、反抗の反対のものになってしまうのがつねである。ことばをかえていえば、抑圧者をおもに支えているのは、まさに、被抑圧者の効果のない反抗にほかならない。

この観点から、ナポレオン麾下の新兵を主人とした小説をこしらえることもできよう。

それに、いつわりの献身は主人をもあざむくのである……

＊

権力を掌握している人びとをつねに危険なもの、とみなすこと。自分自身をさげすむようにならない範囲で、できるだけ彼らを避けるべきである。そしてもし、卑怯者のそしりを受けないためにはどうしても彼らの権力にぶつかって砕けなければならない日がおとずれたら、人間によってではなく、ものの本性によって屈服させられたのだと思うことにしよう。人は投獄されたあげく鎖でつながれることもあるが、盲目になったり中風になったりすることもありうるのだ。どちらも同じことである。

むりやりに服従させられているときに自分の品位を保つ唯一の手法。上に立つ人をもの、とみなすこと。どんな人間も必然性の奴隷である。しかし自覚をもった奴隷は上に立つ人よりもはるかに優位にある。

＊

社会問題。社会生活の雰囲気を呼吸しやすいものにするために、そのなかで必要不可欠な超本性的なものが占める割合を最小限におさえること。この割合をふやす傾向のあるものはすべて悪しきものである（それは神をこころみることになる）。

＊

社会生活からできるかぎり不幸を取り除かなければならない。なぜなら不幸は恩寵のためにしか役に立たず、社会は選ばれた人びとだけの社会ではないのだから。選ばれた人びとのためにはいつも十分な不幸があるだろう。

【訳注】

（1）アルフレッド・ヴィニーの詩集『運命』所収「牧人の家」の第二詩節はつぎのような二行で終わっている。

おののきつつも、あらわな肩の上に、
やきごてが印した社会の烙印をみつめるならば。

（2）シモーヌ・ヴェーユは一九三一年十月から翌年九月までル・ピュイ（オート・ロワール県、パリから鉄道で五百二十五キロメートル）の女子高等中学で教鞭をとっていた。サン＝テチェンヌからル・ピュイまでは鉄道で二十三キロメートルである。

巨獣†

巨獣、それは偶像崇拝の唯一の対象、神の唯一の代用品、「私」から無限にへだたっていると同時に「私」でもある一つの対象の唯一の模造品。

＊

エゴイストになることができれば、さぞかし気持ちがよいことだろうに。そうなれば息抜きができよう。しかし、文字どおりそうなれるものではない。

私は自分自身を目的とみなすことはとてもできない。したがって、同類の人間を目的とみなすこともできない。なぜならそれは私と同じような存在なのだから。どんな物質的対象も目的とみなすことはできない。なぜなら、物質は人間よりもさらに目的性のうつわとなりにくいからである。

現世で目的とみなすことのできるものはただ一つだけである。というのも、そのものは個人としての人間に対して一種の超越性をそなえているからだ。それは「集団的なもの」である。集団的なものはあらゆる偶像崇拝の対象となる。われわれを地上に鎖でつないでいるのもそれである。たとえば貪欲の対象となる金銭は社会的なものである。野心の対象となる権力は社会的なものである。科学も、芸術もまた。それでは、愛はどうだろう？　愛は程度の差こそあれ例外である。だからこそ、人は貪欲や野心によらず、愛によって神のほうにおもむくことができるのだ。しかしながら愛のなかにも社会的なものがないわけではない（王侯、有名人など、すべて威信をもつ人たちがまわりの人びとの心に誘い起こす情熱……）。

＊

二つの善がある、どちらも同じ名称をもつが、根本的に相異なっている。悪の反対としての善と、絶対としての善と。絶対というものにはその反対がない。相対は絶対の反対ではない。相対は絶対から派生したものであり、両者の関係を交換することはできない。われわれが欲しているのは絶対的な善である。到達できるのは、悪と相関関係にある善である。われわれはそれを自ら欲している善であると思いあやまり、そこにおもむく。まるで女主人のかわりに召使いの女を愛そうとする君主のように。誤謬を惹き起こすのは服装である。相対的なものの上に絶対の色彩を投げかけるのは社会的な要素である。救済手段は関連という考えかたのなかにある。関連は社会的なもののそとに強引に出て行く。そこは個人の独り舞台である。社会は洞窟であり、出口は孤独である。

関連づけの操作は孤独な精神に属している。どんな群衆も関連を思い浮かべることはできない。あることがらが「……との関連において」、あるいは、「……のかぎりにおいて」よいとかわるいとかいうこと、これは群衆の手にあまることだ。群衆はいくつかのことがらを加え合わせてみることができないのである。

社会生活を超越している人は、そうしたいときに、社会生活のなかに帰ることができる。下にいる人にはそれができない。同じことが万事につけていえる。よりよいものと比較的よくないものとのあいだの相互関係は交換できないものなのである。

＊

植物的なものと社会的なものと、この二つの領域には善ははいってこない。

キリストは植物的な領域をあがなった。社会的な領域をではない。彼は社会のために祈ったのではない。

社会的なものがこの世の君主（悪魔）の領域であることは、うごかしようのない事実である。社会的なものに対するわれわれの唯一の義務は、悪を制限しようとこころみることである（リシュリューは、「諸国家の救いは現世のなかにしかない」といった）。

神のものであると称する社会――たとえば教会――は、おそらく、それを穢している悪よりも、むしろ、それに含まれている善の代用品によって危険であろう。

社会的な領域に属するものに「神のもの」というレッテルが貼ってあったら、それはあらゆるかたちの放縦をつつみかくした酔い心地にさせる混ぜものだ。仮面をかぶった悪魔。

意識は社会的なものによってあざむかれている。補足の（想像の）エネルギーは大部分社会的なものに引きつけられている。そこから切りはなさなければならない。これはあらゆる切りはなしのなかでもいちばんむつかしいものである。

社会のからくりについて深く考えることは、この点でもっとも大切な浄化作用である。

社会的なものについて観想することは、現世から引退することと同じくらいよい手段である。だからこそ、私が長年のあいだ政治から離れず歩み続けてきたのもまちがいではなかったのだ。

＊

人間が社会的なものに対して優位に立つためには、超越的な、超本性的な、真正に霊的な領域のなかにはいって行くほかはない。それまでは、事実上、人間がなにをしたところで、社会的なものは人間を凌駕している。

＊

超本性的でない面では、社会は、悪（悪のある種の形態）を遠ざけるいわば柵のような役目を果たすものである。犯罪者や身持ちのわるい人たちの集まりは、たとえ数人で構成されているものでも、この柵をとり払ってしまう。

＊

しかし、なにがこのような集まりにはいることをうながすのだろう？　必然性か、軽率か、あるいは、たいていの場合、その両方であろう。人はそのなかに巻きこまれるとは思っていない。というのも、超本性的なものを除けば、人を不行跡や犯罪のいちばんひどい形態におのずと足を踏み入れさせないようにしているのは社会だけであることが、知られていないからだ。人は自分が別人になろうとしていることに気がつかない。なぜなら、自分自身のなかに、周囲の影響を受けて変化する可能性のある領域がどの程度までひろがっているか知らないからである。人はいつも知らずに巻きこまれる。

＊

ローマ、それは神を信じない巨獣、唯物的で、自分自身だけしか崇めない巨獣である。イスラエル、それは信仰をもつ巨獣である。どちらも好ましい存在ではない。巨獣はいつも嫌悪の念を起こさせる。

＊

重力だけの君臨しているような社会に、生きながらえる力があるだろうか？　それともその生命を保つためには多少の超本性的な要素が必要なのであろうか？

ローマには、おそらく、重力しかなかった。

ヘブライの民の場合もおそらくそうだったろう。彼らの神は重かった。

古代の民のなかで、おそらくたった一つ、神秘的な要素をまったく欠いていたと思われる民、ローマ。どんな不可思議な理由がひそんでいるのだろう？　それは亡命者たちによってできた人工的な都市国家だったのだ。ちょうどイスラエルと同じように。

＊

プラトンの巨獣——マルクシスムの真理としての一面は、プラトンの巨獣の神話のなかにあますところなく述べ尽くされている。マルクシスムに対する反駁も含めて。

＊

社会的な要素の力。数人の人びとのあいだに協定が成立すると、実在性の感覚がそれにともなって生まれてくる。さらに義務の感覚も付随してくる。この協定からの離反は罪とみなされるようになる。そこで、あらゆるかたちの転倒が可能になる。順応の状態は恩寵の真似ごとにすぎない。

＊

まことに不可思議なことだが——この不可思議は社会的な要素の力に起因している——職業は平凡な人びとに、その職業にかかわりをもつ対象に対する徳を付与する。この徳は、もしそれが、その人たちの人生のあらゆる場面に発揮されれば、彼らを英雄か聖人にするだろう。

しかし、社会的な要素が作用して、この徳は本性的なものになってしまう。だから埋め合わせを必要とするようになる。

＊

ファリサイ人たちについてキリストは、「まことに、私はいう、彼らはすでに報いをえたのである」〔マタイ福音書六・一六〕といったが、見かたを変えて、みつぎとりや娼婦について、「まことに、私はいう、彼らはその罰をこうむったのである」ということも可能だった。つまり、「彼らは社会の排斥を受けたのだ」ということである。彼らが社会の排斥を受けるかぎり、「隠れている父なる神」〔マタイ福音書六・一八〕は彼らに罰を与えない。それにひきかえ、社会の排斥をともなわない罪は、隠れたことを知り抜いている父なる神から十二分の罰を受ける。このように社会の排斥はいわば運命の恩恵のようなものである。だが、それもつぎのような人たちの場合にはあらずもがなの悪に変わる。それは、このような排斥の圧力のもとに、常規を逸した社会的環境をつくり出し、その内部で放縦をほしいままにするような人たちの場合である。たとえば、犯罪者なかまとか同性愛にふける人びとなど。

＊

いつわりの神（社会という獣――それがどんな仮面をかぶっているにしても）に仕えると、悪に対するおそれが取り除かれ、悪は混じり気のないものになる。この神に奉仕するものの眼には、奉仕の懈怠を除いて、なに一つ悪いものとは映らない。ところが、まことの神に仕える場合は、悪へのおそれは存続するし、より募りさえする。人はこの悪をおそれているが、同時にそれを神の意志から発するものとして愛するのである。

*

今日、互いに戦いを交じえている一方の側が善にくみしていると思いこんでいる人びとは、その一方の側が勝利を得るだろうとも思いこんでいる[††]。

ある一つの善をそれ自体として愛しているとき、その善が迫りくる事件の流れのうちに罪あるものとされようとしているのを眺めることは、耐えがたい苦痛である。

もうまったく存在しないものが一つの善でありうると考えることはつらいもので、人はそのような考えを遠ざける。だが、それは巨獣に追従することである。

コミュニストたちの精神力はつぎの事実から生まれてくる。すなわち、彼らが、自分たちが善であると信じているものに向かって歩をすすめているだけではなく、近い将来確実に起こると信じているものに向かって歩をすすめているという事実から。こうして、彼らは聖人でなくても――彼らは聖人からへだたるところ遠い存在なのだが――聖人だけが、それも正義を守る場合にのみ耐えられるような危険や苦しみを耐え忍ぶことができる。

いくつかの点で、コミュニストたちの精神状態は、初代キリスト教徒たちの精神状態に酷似している。

どちらも終末を宣べ伝えているが、このことは、彼らがそれぞれ初期に迫害をこうむった理由を十分に説き明かしている。

＊

「すこしゆるされる人は、すこししか愛さない」（ルカ福音書七・四七）。このことばの対象になっているのは、社会的な徳によって自分の心の大きな場所を占められている人である。この人のなかには恩寵のはいる余地がほとんどない。善に順応する巨獣への服従、それが社会的な徳である。ファリサイ人とは、巨獣に服従することによって徳を保つ人のことである。

＊

すべての国において愛徳は個人個人の精神的発展の条件となるものをすべて愛しうるし、また愛すべきである。すなわち、一方では、社会秩序を。たとえそれがよくないものでも、無秩序よりはましだから。他方では、言語、儀式、習慣など、美に参与するすべてのものを、その国の生活をとりまいているすべての詩を。

しかし、国家それ自体は、超本性的な愛の対象となりえない。それには魂がない。巨獣なのである。

＊

では、都市《シテ》は……

しかし、都市は社会的なものではない。それは人間をとりまく環境の一種で、人が呼吸する空気ほどにも意識の対象とならないものである。それは自然、過去、伝統との接触である。根をもつことは社会的なものとは別のことなのだ。

＊

愛国心。愛徳以外の愛はもつべきではない。一つの国家は愛徳の対象とはなりえない。しかし、一つのくにには、永遠の伝統を担う環境として、愛徳の対象となりうる。すべてのくにがそうなりうる。

† この神話の起源については、プラトンの『国家《ポリーテイアー》』第六巻を参照のこと——「巨獣」を崇めること、それは真と善とを個人的に探究することをいっさい犠牲に供して、群衆の偏見と反応に従って思考し行動することである。

†† この部分は一九四二年に書かれた。

イスラエル

キリスト教徒たちは全体主義者になり、征服者になり、殺戮者になった。現世における神の不在と行動休止という観念を発展させることができなかったからである。彼らはキリストに示した愛着と同じような愛着をエホバにも示した。摂理を旧約聖書流に解したのである。ローマに抵抗することのできたのはイスラエルだけだった。なぜなら、イスラエルはローマに似ていたからだ。草創期のキリスト教は、こうして、ローマの穢れを帯びてから帝国の公けの宗教となったのである。ローマのもたらした悪がほんとうの意味でつぐなわれたことは一度もなかった。

＊

エジプトが魂の永遠の救いを目ざしていた時代に、神はモーセとヨシュアにまったく世俗的な約束を与えた。ヘブライの民は、エジプトの啓示を受け容れることを拒み、彼ら相応の神を信じた。それは、肉体的で集団的な神であり、捕囚期まではおそらくだれの魂にも語りかけたことのない神である。（詩篇のなかでは別だが……）旧約聖書の登場人物のうちで、アベル、エノク、ノア、メルキセデク、ヨブ、ダニエルだけが純粋である。ヘブライの民は亡命奴隷から成る民であり、天国のようにうるわしい国土をよこどりした。この国土は幾世代の文明によってつちかわれたものだが、ヘブライの民はその作業には一臂《いっぴ》の力をも貸さなかった。それどころか虐殺によってそれらの文明をほろぼしてしまったのである。このような民がさほどりっぱなものを産み出すことができなかったのもおどろきに値しない。この民について「教える神」[1]を云々するのはひどい悪ふざけである。

このおそろしい虚偽によってその土台から腐敗し、その霊感までも汚濁している文明――われわれ自身の文明――のなかに、これほど多くの悪が含まれているからといっておどろくことはすこしもない。イスラエルの呪いはキリスト教徒たちの上に重くのしかかっている。残虐行為のかずかず、宗教裁判、異端の徒や未信者のみなごろし、これらは「イスラエル」であった。資本主義、それは「イスラエル」であった（ある程度、いまでもそうである……）。全体主義、それは「イスラエル」であった。とりわけユダヤ民族を目のかたきとした人びとの全体主義は「イスラエル」だったのである。

人間と神との人格的な触れ合いは、人となった神である仲保者（キリスト）の媒介なしにはありえない。仲保者の仲立ちがなければ、神の人間への語りかけは集団に対するもの、国民に対するものになるほかはない。イスラエルは国民の神を選ぶと同時に、一方では仲保者を拒んだ。イスラエルはときおり真の唯一神論を目ざしたこともあろう。しかし、その都度もとの部族の神への信仰に舞いもどった。それも、舞いもどらずにはいられなかったのである。

超本性的なものとの触れ合いをもつ人物は本質からして王者である。なぜなら彼は、社会のなかで、社会的なものを越える秩序を無限に小さなかたちであらわしているからだ。

しかし、この人が社会の階層制のなかで占める位置は、まことに微々たるものである。

*

社会的秩序のなかで高い位置を占めることのできるのは、たくみな手段で巨獣のエネルギーを大量に手に入れた人だけである。だが、その人は超本性的なものには参与できない。

モーセとヨシュア、この二人は、社会的なエネルギーをたくみな手段で多量に手に入れた人びとがどの程度超本性的なものに参与したかを示している。

イスラエルは超本性的な社会生活を成就しようとするこころみをあらわしている。そして、このたぐいのものとしては最良のものを実現したと考えてもよさそうだ。もう一度やりなおすのはむだである。いままでのことから巨獣がどの程度神の啓示を受けることができるかわかる。

イザヤは最初に純粋な光をいくらかもたらした人物である。

*

イスラエルはローマにさからった。イスラエルの神は無形の存在であったが、ローマ皇帝と肩をならべる地上の君主でもあったからである。このような背景があったおかげで、キリスト教が生まれたのである。イスラエルの宗教は脆さを生じるほどまでに育っていなかった。そしてこの堅牢さ

があったからこそ、イスラエルの宗教は、もっとも高い精神性をもつ宗教の芽生えを保護できたのである。[†]

＊

キリストの受難が成就されるためには、イスラエルが受肉という考えをうけつけないことが必要だった。ローマについても同じことがいえる（おそらく、この考えをうけつけなかったのはこの二つの民だけだったろう）。しかしながら、イスラエルがなんらかのかたちで神にあずかる必要があった。それは霊的なものも超本性的なものもなしにできる精いっぱいの参与である。イスラエルの信仰はまったく集団的であった。このように無知で、無理解の闇に包まれていたからこそ、「選ばれた民」となったのである。したがって、つぎのイザヤのことばも理解できる。「私はこの民の心をにぶくした。彼らが私のことばを理解できないように」〔イザヤ書六・九〕。

だからこそ、イスラエルのなかではすべてが罪の穢れを帯びているのだ。それというのも受肉した神に参与しないものはなに一つ純粋ではありえないからである。またこのような参与の欠如がはっきりとわかるようになるためでもある。

＊

イスラエルの歴史の大きな汚点、それはヤコブと天使のたたかいではないだろうか？「永遠なるものは……ヤコブをそのしわざに従って罰し、その行ないに従って報いられる。ヤコブは胎にいたとき、その兄弟のかかとを捕え、成人したとき神と争った。彼は天の使いと争って勝ち、天使は泣いて憐れみを求めた……」〔ホセア書一二・二―四〕

神とたたかって打ち負かされないということは、この上もない不幸ではないだろうか？

＊

イスラエル。すべては穢れ、ひどく残忍な相貌を呈している。まるでわざとそうしているようだ。アブラハムも含めてそれ以後ずっと（何人かの預言者を除いて）そうなのである。「注意！　そこに悪がある！」とこの上もなくはっきりと示すためであるかのように。

無分別なことをするために、キリストの死刑執行人となるために、選ばれた民。

＊

ユダヤ人、この根を失ったひとにぎりの人びとが全地球の根こぎを惹き起こした。ユダヤ人たちがキリスト教の成り立ちにかかわりをもったので、キリスト教世界は自分自身の過去におろした根を失ってしまった。ルネサンスはもう一度根をおろそうとするこころみだったが失敗に帰した。反キリスト教的な方向をもっていたからである。「啓蒙時代」の傾向、一七八九年の大革命、政教分離主義等々が、進歩という虚構をふりかざしながら、際限もなく根こぎを蔓延させた。そして、根を失ったヨーロッパが植民地化政策によって世界のほかの部分の根も失わせた。資本主義や全体主義はこの根こぎの進行に一役買っている。反セミティストたちがユダヤの影響を広範囲なものにしていることはいうまでもない。しかし、彼らが毒によって根こぎにするまえに、東洋ではアッシリアが、西洋ではローマが、剣によって根こぎにしたのである。

*

原始キリスト教は進歩の観念という毒を調合した。この毒は、キリストのことづてを人びとが受け容れることができるように教え導く神の教育方針があるという考えを素材としている。このことは、全世界の諸国民の改宗と世の終りとを焦眉のことがらとして待つ期待に結びついていた。ところが、この二つのことがらのうちどちらも実現しなかったので、十七世紀たってからこの進歩の観念の起源はキリスト教が啓示された時をさかのぼった時点にまで繰り上げられた。その結果、それはキリスト教にさからうものとならざるをえなくなった。

キリスト教の真理に混入されたそのほかの毒は、ユダヤ起源のものであるが、前述の毒はキリスト教固有のものである。

神の教育方針という暗喩は、個人の運命をもろもろの国民の運命のなかに溶かしてしまう。個人の運命だけが救いに深くかかわるものであるというのに。

キリスト教は歴史のなかに調和を求めようとした。そこにヘーゲルとマルクスの思想の芽生えがある。歴史を一定の方向をもった持続とみなす考えかたはキリスト教的なものである。

これほどの謬見はほとんど類がないように思われる。それは生成のなかに、すなわち永遠の正反対のもののなかに調和を求めることである。相反するものの不適当な組み合わせである。

人文主義とその跡をうけつぐ歴史の流れは、古代への復帰ではなくて、キリスト教が内蔵していたもろもろの毒をひろげることであった。

＊

自由なのは超本性的な愛である。人びとはそれを無視しようとして、そのかわりに本性的な愛をもってきた。しかし、逆に、超本性的愛のない自由、一七八九年の自由は、まったく空疎で、単なる抽象作用にすぎず、実在性を帯びる可能性はまったくなかった。

† ここでシモーヌ・ヴェーユがそうしているように、一方では、イスラエルの歴史のなかに純粋な神秘的体験が何度かひらめいたこと（イザヤ等）を認め、他方では、生まれたばかりのキリスト教がユダヤ教の「貝殻」によって保護されたと認めることは、すでにイスラエルが神から使命を受けたことを承認していることになる。

【訳注】

（1） 神に選ばれた民イスラエルが、「時」の終りまで続く神の教え導きによって、幼児がしだいに成熟して大人になるように「完全な人間」（エペソ書四・一三）になることを目ざしているという考えかた。

社会的調和

ある一つの秩序に、それを上まわる秩序、したがって無限に上位に位置する秩序を対比させる場合、上位の秩序を無限に小さなもので表現することによってのみ、それが下位の秩序のなかにある姿を表現することができる。たとえば、天の国を表象するからしだね〔マタイ福音書一三・三一―三二とその平行箇所〕、永遠を表象する一瞬、等々……

＊

円と直線との触れ合う点（接点）。これは、上位の秩序が、無限に小さなもののかたちをとって、下位の秩序のなかに現存している例である。

キリストは人類と神との接点である。

＊

慎重、純粋善が無限小のかたちをとったあらわれ……

＊

均衡とはある一つの秩序が他の一つの秩序に服従することである。ここで他の一つの秩序というのは、前者を超越した秩序で、無限小のかたちをとって前者のなかにあらわれる秩序である。

このように、ほんとうの意味での君主制は完全な都市国家を構成するであろう。

社会のなかの各人は、社会を超越する秩序、社会よりも限りなく大きな秩序をあらわす無限小である。

市民の都市に対する愛、家臣の主君に対する愛は超本性的な愛でなければなるまい。

＊

均衡だけが力をくずし、力の効果を奪う。社会秩序は種々の力の均衡にほかならない。

恩寵のない人間が義《ただ》しくなるまで待てるものではないから、さまざまな不正が絶え間なく振動して相互に罰し合うように按排された社会が必要である。

＊

均衡だけが力を無効にする。

社会がどの方向に均衡を失っているかがわかったら、軽すぎるほうの皿におもりを加えるためにできるだけのことをしなければならない。たとえそのおもりが悪であったとしても、均衡を回復しようとする意図のもとにそれを取り扱うならば、おそらく自分自身が悪に染まることはないだろう。ただし回復すべき均衡をあらかじめ念頭に置いておかなければならないし、また、「勝利者の陣営からの逃亡者」である正義と同じように、いつでも秤の別の側に移れるようにそなえておく必要がある。

*

幾何学についての『ゴルギアス』(1)の有名な一節。事物の本性にはどんな無制限の発展もありえない。全世界は節度と均衡の上に根拠を置いている。都市の場合も同様である。すべての野心は節度の欠如であり、不条理である。

「キミガ幾何学ノ勉強ヲオロソカニシテイルカラダ」(γεωμετρίας γὰρ ἀμελεῖς)〔『ゴルギアス』五〇八A〕

野心家がすっかり忘れていること、それは相互関係の観念である。

「おろかな民よ、私の権力は私を、おまえに縛りつけ、
ああ！　私の自尊心までがおまえの力を必要としている。(2)」

*

封建的なきずなは、服従を人間対人間のことがらにして、巨獣の占めていた役割をいちじるしく縮小した。

法律はもっとそれを縮小させている。

法律かさもなければ人間にだけ服従すべきであろう。つまり修道会の内部とほとんど同じようにすること。都市を建設するにはこの模範に従うべきであろう。

主君に、すなわち一個の人間に服従すること、ただし、裸の人間に、巨獣から借りた威厳を装おわず、誓いの威厳だけを装おいとしている人間に。

＊

よくできた社会とは、そのなかで国家が船の舵のように消極的なはたらきしかもたないような社会である。舵というものは、時宜にかなった瞬間にちょっと押せば、不均衡の芽を摘み取ることができるものだ。

＊

プラトンの『政治家《ポリティコス》』に含まれた意味。それは、権力は征服者と被征服者とで構成される社会的階級によって行使されるべきである、ということだ。しかしこれは自然に反している。征服者が非文明人であれば別だが。この見地からみて、非文明人が文明人を征圧した場合、その征圧が破壊的なものでなければ、文明人が非文明人を征圧する場合よりもよい実を結ぶ。

技術は、力と文明とを同居させるので、前述のような刷新を不可能にする。技術は呪われたものである。

前述のように民族と民族とが混ぜ合わされるときを除けば、強者と弱者の双方に力を配分するためには、どうしても超本性的な因子の介在を必要とする。

社会のなかで超本性的な因子といえば、それは、法律と最高権力の付与という二重の面をそなえた合法性である。法律で緩和された君主制はおそらく『政治家《ポリティコス》』のなかでプラトンが説いた（征服者と被征服者の）混成体を実現することができよう。ただし、宗教のないところには合法性もありえない。

＊

合法性によって照らされていない権威をもつ人間に服従すること、それは悪夢である。

＊

合法性というものは力をもたないまったく純粋な観念なのだが、それをなにかしら至上のものにすることのできるのは、思考だけである。いつもそうだったし、これからもつねにそうだろう。だから、改革といっても、それまで衰退の一途をたどっていたある過去の一時代への復帰、もしくは、ある制度の新しい条件への順応というかたちを当然いつもとることになる。ここで順応というのは、変えることを目的とするものではなく、むしろ逆に、不変の比率を保つことを目的とするものである。たとえば、12対4という比率があって、その4が5になった場合、真の保守主義とは、12対5をのぞむ人ではなく、12を15にすることをのぞむ人である、ということになろう。

＊

合法的な権威の存在は、社会生活上の仕事や行為に目的性を付与する。それは立身出世への渇望とは別の目的性である（自由主義はそれだけを唯一の動機として認めている）。

合法性、それは時間のなかの持続性、恒久性、不変性である。それが社会生活に目的性として付与するのは、いま存在し、いつも存在していたし、いつまでも存在し続けるはずのものであると考えられているなにものかである。合法性は人びとにありのままのものを几帳面に求めることを余儀なくさせる。

＊

合法性の破壊、つまり根こぎの状態が、外部からの征服によらず、その国の内部で合法的な権威の濫用から生じた場合、執念ぶかい進歩の観念がどうしても頭をもたげてくるものである。なぜなら、そのような場合、目的性は未来に向けられるからだ。

＊

無神論的唯物主義は必然的に革命を求める。なぜなら、現世における絶対善を目標としてすすむ以上は、それを未来に据える必要があるからである。その場合、この推進力に完全な効力を発揮させるためには、きたるべき完成と現在とのあいだに媒介者が必要になる。この媒介者がリーダーである。レーニン、等々。彼はあやまつことなく、完全に純粋である。悪は、彼を経ることによって、一種の善になる。

われわれとしては、こうした考えかたに依拠するか、さもなければ神を愛するか、あるいは、日常生活のささやかな悪やささやかな善のまにまに揺られていなければならない。

＊

進歩とより低い段階のあいだには密接な関係がある（ある一つの世代が、そのまえの世代が歩みをとどめたその時点から追求しうるものは、どうしても外面的なものにならざるをえないから）。これは、力と低劣さとのあいだにある類縁関係の一例である。

＊

マルクス主義者たちと全十九世紀の犯した大きな誤謬は、まっすぐに前進しているうちに、空中に昇って行ったと思いこんでいたことである。

＊

無神論的な観念のなかでも特に代表的なものは進歩の観念である。それは、経験と「存在論《オントロジー》」とにもとづく証拠を否定する。なぜなら、この観念によれば、凡庸なものがそれ自身で最良のものをつくり出すことができることになるからだ。ところが、近代科学はこぞって進歩の観念を排除することに協力している。ダーウィンは、ラマルクが考えていた内的進化という幻想を吹き払った。突然変異説は、偶然と淘汰だけに命脈を保たせた。エネルギー理論によれば、エネルギーは低下し続けて二度と上昇することがないと想定されており、このことは、草木や動物の生活にも適用されるのである。

心理学と社会学とは、このようなエネルギーの観念――進歩の観念とはまったく相容れないこの観念――を用いることによってのみ、真の科学となりうるだろう。そしてそうなれば、真の信仰の光に照らされて光彩を放つだろう。

*

永遠なものだけが時間によって損われない。芸術作品がいつも変わらぬ感嘆の的となるためには、愛情や友情が生涯続くためには（おそらく、まる一日でも純粋であり続けるためには）、人間の条件についての考えが、運命の多様な経験や変遷を経てもいつも同じでありうるためには――天の彼方から舞い降りる霊感が必要である。

*

スペインのアナーキストの理想のように、まったくありえない未来は、ありうる未来にくらべれば、はるかに人の品位を低めないし、永遠とのへだたりもずっとすくない。それに、そのありえない未来をありうる未来であると錯覚していないかぎり、まったく人の品位を低めさえしないのである。その未来がありえないものとして思い浮かべられていれば、それは人を永遠のなかに運びこむ。「ありうること」は、想像力の領域であり、したがって下落の場である。現実に存在するものか、さもなければ全然存在しえないものを欲しなければならない。その両者を欲するのはさらによいことだ、存在するものと、存在しえないものとは、ともども、生成の埒外にある。過去は――想像力がその過去にすっかり悦に入っていないとき、そして、なんらかの出会いがその過去の純粋な姿を浮かび上がらせるとき――永遠の色を帯びた「時間」である。そのなかの実在性の感覚には混じり気がない。そこには純粋なよろこびがある。美がある。プルースト。

現在、われわれはそれに縛りつけられている。未来、われわれは想像のなかにそれをこしらえる。過去だけは、われわれがそれをもう一度こしらえさえしなければ、混じり気のない実在である。

＊

時間は、その流れによって、一時的なものを擦りへらしほろぼす。それゆえ、過去は現在よりも多くの永遠を含んでいる。正しく理解された歴史の価値は、プルーストにおける回想の価値に匹敵する。こうして、過去は実在的で、同時にわれわれ自身よりもよりすぐれたなにものかを、われわれを高いほうに引き上げうるなにものかを、提示する。未来はけっしてそんなことはしない。

＊

過去、それはなにかしら実在的なものである。ただし、それはまったく手のとどかないところにあり、その方向に一歩ももどることはできない。そこから放射する一条の光がわれわれにとどくように、そのほうにふり向くことしかできない。それゆえ、過去は永遠の、超本性的な実在の、この上もない似姿《イマージュ》である。

そのために、思い出そのもののなかによろこびと美しさがあるのだろうか？

＊

どこから新しい誕生がもたらされるのだろう？　全地を穢しからっぽにしたわれわれに？

過去からだけだ。われわれが過去を愛することが前提だが。

＊

互いに相反することがら。今日、人は全体主義を渇望すると同時にそれにうんざりしている。そして、ほとんどめいめいの人が一つの全体主義を愛する一方、他の全体主義を憎んでいる。

人の愛するものと憎むものとのあいだに、いつも同一性があるのだろうか？　人は、自分の憎むものを別のかたちで愛したいという欲求に、もしくは、逆に、自分の愛しているものを別のかたちで憎みたいという欲求に、いつもかられるのだろうか？

＊

大革命について人びとがいつも変わらずいだき続けている錯覚。それは、力の被害者たちは、暴力沙汰についてはは潔白なのだから、彼らが力を掌中にすればそれを正しく行使するだろうと思いこむ錯覚である。しかし、聖性の域にかなり近い魂の持主でないかぎり、被害者たちは、首切役人と同じように、力によって穢される。剣の柄にあった悪が切先に移される。そのあげく被害者たちは権勢の座にのぼりつめ、変転に酔い痴れて、首切役人たちと同じくらいの、あるいはそれを上まわる悪を行ない、やがてもとの木阿弥になる。

＊

社会主義は善を被征服者に帰することにあり、民族主義は善を征服者に帰することにある。しかし、社会主義の革命的な翼は、下層階級に生を享けながらも生まれながら征服者となる性向をそなえている人びとを用に供する。こうして、この翼は同じかたちの倫理学に行きつく。

＊

現代の全体主義が十二世紀のカトリックの全体主義に対する関係は、極端な政教分離主義とフリーメーソンとがルネサンスのユマニスムに対する関係に似ている。人類は振子が揺れうごくたびごとに下に落ちて行く。どこまで落ちて行くのだろう？

＊

われわれの文明は没落したあとで、つぎの二つの運命のうちどちらか一つをたどるだろう。古代文明と同じようにまったくほろびてしまうか、さもなければ、地方分権化した世界に順応するか。中央集権化を打ち砕こうとするには及ばない（なぜならそれはころがる雪の球のようにおのずからふくれあがって破局におもむくだろうから）。むしろ、未来を準備することが肝要であり、それはわれわれしだいなのだ。

＊

われわれの時代は内面的な階級組織をうちこわした。その不恰好な似姿の一つにすぎない社会的な階級組織の存続を、われわれの時代がゆるしておくだろうか？

＊

あなたは、人びとがすべてを失っているこの現代よりもよりよい時代に生を享けることはできないだろう。

【訳注】
（1）プラトンの対話篇の一つ。

（2） Peuple stupide à qui ma puissance m'enchaîne,
Hélas! mon orgueil même a besoin de tes bras.
（ポール・ヴァレリー『旧詩帖』「セミラミスの歌」七三―四行）

労働の神秘

人間の条件の秘密、それは人間と彼をとりまく自然のさまざまな力とのあいだに釣合いがとれていないことである。活動していないときの人間は、これらの力によって無限に凌駕されているのである。活動のなかにしか均衡はない。そして、活動によって、人間は自分自身の生命を労働のなかに再創造する。

＊

人間の偉大さはつねに、自分の生命を再創造することである。自分に与えられたものを再創造することである。そればかりか、自分自身が耐え忍んでいることがらさえもつくり上げることである。労働をとおして、彼は自分自身が生まれもった生存をつくり出す。科学をとおして、彼は象徴を用いながら宇宙を再創造する。芸術を媒介として、彼は自分の肉体と魂の結びつきを再創造する（『ユーパリノス』の演説を参照[1]）。労働、科学、芸術、この三つのものは、一つだけを対象としてとりあげ、他の二つとの関連なしにみると、なにかしら貧しく、空虚で、むなしいものであることに留意すべきだ。三つのものの統合、労働する人たちの文化（いますぐというわけにはいくまいが）……

＊

プラトン自身は先駆者にすぎない。ギリシア人たちは、芸術、スポーツを知っていた。しかし労働というものを知らなかった。主人は奴隷の奴隷である。主人をこしらえるのは奴隷であるという意味合いで。

＊

二つの仕事。

機械に個性を発揮させること。

科学に個性を与えること（学問の通俗化、種々の職業の基礎についてソクラテス的形態の民衆大学[2]を設けること）。

＊

肉体労働。労働に対する嫌悪の効用について書いた労働者の神秘家もしくは農耕神秘家が、なぜいままでにいなかったのだろう？　この嫌悪は非常にしばしば労働に付随していて、絶えず人をおびやかすもので、魂はそれを避け、植物のような自己保存の本能によって、そのありのままの姿をつとめて見ないようにする。自分がこの嫌悪にとらわれていることを認めるのは死の危険をともなうことである。そこから労働階級特有の虚偽が生まれてくる（どの階級にもそれぞれ特有の虚偽があるものだ）。

この嫌悪は、時間の重荷のなせるわざである。自分にこの嫌悪の情があることを認め、しかもそれに屈しなければ上昇することができる。

嫌悪は、どんなかたちのものにせよ、上昇するための梯子として人間に与えられた最も貴重なみじめさの一つである。私はこの恵みを人並み以上にさずかっている。

すべての嫌悪を自己嫌悪に変えよう……

＊

単調さは、あらゆるもののなかでいちばん美しいか、さもなければいちばんおぞましいものである。それが永遠の反映であれば、こよなく美しい。変化のない絶え間ない繰り返しのしるしであれば、最もおぞましいものである。前者は超越された時間であり、後者は不毛化された時間である。

円は美しい単調さの象徴であり、振子の振動は耐えがたい単調さの象徴である。

＊

労働の霊性。労働は、人を疲労困憊させながら、投げても投げてもはね返ってくるボールのような目的性という現象を体験させる。食べるために働くのか、働くために食べるのか……二つのうちの一方を他方の目的とみなしたり、あるいは二つのものを切りはなして単独に目的とみなしたりすると、人は方向を見失う。循環のなかに真理が含まれている。

おりのなかでまわっている栗鼠と天球の回転、極度のみじめさとこの上もない偉大さ。

人間が、自分を円形のおりのなかでぐるぐるまわっている栗鼠のようなものとみなし、自分自身に嘘をつかなければ、そのとき彼は救いに近いのである。

＊

肉体労働の大きな苦痛、それは働いている人が、ただ生存することだけのために、長時間の努力を強いられていることだ。

奴隷とは、その疲労の目的としてただ生存するということだけが与えられ、そのほかのどんな善も与えられていない存在である。

このような存在は、したがって、鎖から解き放たれなければ、草木に等しい水準に落ちることになる。

＊

地上の目的性は、どんなものにせよ、労働者たちを神から切りはなしはしない。労働者たちだけがこのような状況に置かれているのである。ほかの状況はすべて、それぞれ特有の目的を含んでいて、人間と純粋善のあいだに遮蔽幕を設ける。労働者たちのまえには、そんな遮蔽幕は存在しない。彼らは、捨てる必要のあるような余分なものはなにひとつもっていないのである。

＊

なにか一つの善を目ざすのではなく、必要に迫られて――引き寄せられてというよりは、うしろから押されるようにして――自分の生存をそのままの状態に保つために努力すること――それはつねに隷属である。

この意味で、肉体労働者が隷属の状態にあるということはうごかしがたい事実である。目的性のない努力。

もしそれが終りのない目的性であれば、おそるべきものであるか、さもなければあらゆるものにまさって美しいものである。美しいものによってのみ、人はあるがままのものに満足することができる。

労働者たちはパンよりも詩を必要としている。彼らの人生が詩であって欲しいとのぞんでいる。永遠から射してくる一筋の光を必要としている。

宗教だけがこのような詩の源泉になりうる。

民衆のアヘンは、宗教ではなく、革命である。

この詩が剥奪されているからこそあらゆるかたちの退廃がもたらされるのだ。

奴隷の状態、それは永遠から一条の光も射してこない、詩のない、宗教のない労働である。

どうか、永遠の光が、生きる理由や働く理由ではなく、そんな理由を求めることを不必要にするような充実感を与えるように。

そうでないと、労働をうながすのは強制と儲けだけになってしまう。強制は、大衆の抑圧を含むものである。儲けは、民衆の腐敗を含むものである。

＊

肉体労働。肉体のなかにはいりこむ時間。労働をとおして、人間は物質になる。キリストが、聖体の秘蹟をとおして物質になるように。労働は一種の死のようなものである。

死を経なければならない。生命を奪われなければならない。世界の重力を耐え忍ばなければならない。宇宙は人間存在の背なかに重くのしかかっている。そのためにひどく背なかが痛むとしても、どうしておどろくことがあろう？

労働は、もしうながしがなければ、一種の死のようなものである。はたらきの収穫をおさめることを断念しながら働かねばならない。

労働すること――もし疲れ果ててしまったら、それは、物質のように、時間に服従していることになる。思惟は、過去のなかにも未来のなかにもなんの手がかりもつかめずに移り行くことを余儀なくされる。
これこそ服従というものだ。

＊

疲労にともなうよろこび。それは感覚的なよろこびである。食べること、休息すること、日曜日の楽しみ……ただし、金銭ではない。
大衆を主題とした詩のなかに、疲労がうたわれていなければ、そして、疲労のもたらす飢えと渇きがうたわれていなければ、それはほんものであるとはいえない。

【訳注】
（1） ポール・ヴァレリーの作品『ユーパリノスまたは建築家』のなかでユーパリノスがフェードルをまえにしてかたる演説口調のことばに「精神と肉体とは構成のなかで一つに結び合っている」という意味の一節が含まれている。この演説は祈りのような語調で締めくくられる。
（2） 原語 université populaire ドレーフュス事件の結果生まれた左翼の文化運動で、イギリスのセッツルメント運動を起源とする。人民戦線内閣以後は maison culturelle などを中心とした一種の官制運動のようにみなされているが、ここではその起源まで遡った意味で用いられているのであろう。

解　説

G・ティボン

シモーヌ・ヴェーユの世の常ならぬ作品を人まえに出すのは私にとってつらいことである。これまでは、ごくわずかの友人たちだけとともに彼女の人がらと思想を知るよろこびを分かちもってきた。そして今日の私は、身内のものの秘密を口外する苦渋を味わっている。ただ一つの慰めは、公開にともなう避けがたい俗化をくぐりぬけた彼女の証言が、彼女の魂ときょうだいのように深いえにしをもついくつかの魂のもとにたどりつくであろうという思いである。

私にとってなおそれ以上につらいのは、この作品を《紹介する》ためには、それにともなって、どうしても私自身のことを語らなければならないことである。「私ノ秘密ハ私ノモノ」(secretum meum mihi) だ。現代の多くの文筆家が示す、例の羞恥心の欠如、身の上話や懺悔話の趣味、防備を取り払った心のいちばん奥底にまで読者をまねき入れる習慣、こうしたものはいつも私をおどろかせ眉をひそめさせる素材になってきた。とはいうものの、所詮この作品の冒頭に私の名前があることをもっともらしく見せることにしかならないにせよ、シモーヌ・ヴェーユという人物のほんとうの姿を私に知らせ、今日、彼女の思想を世の人びとに紹介する身に余まる名誉を私に与えることになった稀有の事情を知らせることは、私の義務であると思う。

一九四一年六月、当時マルセーユに住んでいた、ドミニコ会士で私の友人であるペラン神父から、一通の手紙が届いた。この手紙は手もとに保存していないが、要するにつぎのような内容のものであった。

「私の当地での知り合いに一人のユダヤ人の娘がおります。彼女は哲学のアグレジェ〔教授資格者〕で、極左派の闘士ですが、新しい法令によって教壇から締め出され、しばらくのあいだ田舎で農場の手伝いをして働きたいとのことです。私の考えでは、このようなこころみは監督を必要とするように思われますので、あなたがこの娘をお宅にあずかってくだされば幸せに存じます。」

私はこの手紙の内容についてしばらくじっと考えた。幸いにも、私はもともと反セミティスム〔反ユダヤ主義〕にはちっともおかされていなかった。しかし、経験をとおしてユダヤ人の特質や欠陥について私が知っていたことがらは、私自身の気質とはあまり相容れるものではなかったし、それにとりわけ、共同生活の要求にかなうものではなかった。私の一次的反応も極左派の闘士のそれとはいちじるしく懸隔のあるものだった。私はまた哲学のアグレジェなるものにもあまり信を措いていなかった。そして大地に帰りたくてうずうずしているインテリとなると、私はそういう連中をかなりよく知っていて、ごくわずかな例外を除けば、彼らがいわゆる空想家の部類に属し、そのくわだてはたいていの場合ひどく思わしくない結果に終わるものであることがわかっていた。こんなしだいで私の最初の心のうごきは否定的であった。しかし、友人の申し出を受け入れたいというのぞみ、運命が私の歩みの途上に導いた一個の魂を避けたくないという気持ち、ユダヤ人たちを苦しめ始めていた迫害に対抗して当時彼らをとりまいていた同情の暈、それに、とりわけ一種の好奇心、こうしたもろもろの要素が、今度は私をうながして、そもそもの心のうごきをひるがえさせた。

数日後、シモーヌ・ヴェーユは私の家の敷居をまたいだ。具体的な面では、われわれの最初の近づきは心からのものではあったが、気骨の折れるものでもあった。ほとんどなににつけても調子が合わなかった。彼女は、きびしい単調な声で、際限なく議論をつづけ、私は、文字どおりくたくたになって、こうした出口なしの対話を切り上げるのだった。そこで私は、彼女の言動を我慢するために、あくまでも忍耐づよく慇懃にするようにした。やがて、共同生活の特別な効果があらわれて、彼女の性格のこうした我慢のならない面は、彼女の本性を奥底からあらわすものではなく、せいぜい彼女の外面的で対社会的な自我をあらわすものでしかないことが、すこしずつわかってきた。本質と外見との配置が彼女の場合は入れ換わっていた。大部分の人びとの場合とは逆に、彼女はうちとけた雰囲気で知れば知るほどその真価がわかる人物だった。おそろしいほどの闊達さで自分の性格の愉快でない面をそとにあらわすくせに、いちばんよい面をはっきりあらわすためには、多くの時間と愛情を必要とし、また、羞恥心を克服しなければならなかったのである。そのうちに、彼女は全精神をうちこんでキリスト教に心をひらき始めた。一点のくもりもない神秘主義が彼女から放散した。私はこれほどまでに親しく宗教的な秘義と触れ合っている人間をついぞ見たことがなかった。超本性的ということばが、彼女と接しているときほど、実在性に充ち溢れているように思われたこともなかった。

神にまつわることがらに思弁を向けた知識人の唯一の証言は、全人格的な没入をともなわない宗教的な純理論になることがあまりにも多いのであるが、彼女の神秘主義はそうしたものとはすこしも共通点をもたなかった。彼女は「知ること」と「全精神をうちこんで知ること」のあいだに横たわる意気沮喪させるようなへだたりを知り、身をもって味わっていた。彼女の生涯はこのへだたりをなくすことだけを目的としていたのである。私は彼女の日常生活の歩みをつぶさに見守ったので、彼女の霊的な適性についてほんの些細な疑念もさしはさむことができない。彼女の信仰と、執着からの脱却とは、彼女のあらゆる行為のなかに具象化されていた。それらは人を面くらわせるほど現実感を欠いていることもしばしばであったが、つねにこの上もなく雅量に富んだものであった。姑息な手段にみちみちた今世紀、レオン・ブロワの表現を借りれば「キリスト教徒たちが殉教に向かってひかえめに大急ぎで歩いている」今世紀では、彼女の禁欲主義は大げさに見えかねないものであった（それに、中世のある種の聖人たちの風変りな苦業は、今日だったら、どんなにひどい顰蹙を買うことになるだろう）。それはともかく彼女の禁欲主義はどんな感覚的昂奮の穢れにも染まっていなかったし、彼女の苦行の水準と彼女の内的生活の水準とのあいだにはすこしの齟齬もみとめられなかった。彼女は、私のすまいがあまり居心地がよすぎるからといって、私の妻の両親がローヌ河べりに所有していた半壊の古い農家に住むことをのぞんでいた。毎日、彼女は仕事をしにきた。そして、食べることをいさぎよしとする気になったときは、私の家で食事をしたためた。ひよわで病身の彼女は（彼女は生涯ひどい頭痛になやんでいたし、また数年まえにかかった肋膜炎が冷酷な痕跡をとどめていた）、不屈のエネルギーで土を耕し、道ばたのしげみで摘んだ桑の実を食べるだけで事足らしていることが多かった。毎月、彼女は自分の食糧配給券のなかばを政治犯に送っていた。精神的な資産となると、もっと惜しげもなく与えていた。毎晩、仕事がすむと、彼女は私にプラトンの偉大な作品を解説してくれた（私はついぞギリシア語をしっかりまなんだことがなかったのである）。彼女は教えることにかけて一種の天分をそなえていたので、説明が創作と同じように生命を帯びて躍動していた。それればかりか、彼女は、この同じ熱意と同じ愛情をそそいで、村の智能のおくれたいたずらっ子をだれかれとなく相手にして算数の初歩を教えたものである。人びとの心に知恵の種子を植えつけたいと思うこうした熱情から、微苦笑をさそう見当ちがいが生じたことさえあった。一種の水準の高い平等感から、彼女は、ほかのすべての人びとの知的能力に、自分自身の知的能力をあてはめて考えるようになっていた。彼女が与えるいちばん程度の高い教育内容を理解できないような頭の持主はほとんどいないとみなしていた。ロレーヌ出身の若い女子工員のことが私の脳裏によみがえる。シモーヌはこの娘に知的な適性がひそんでいるのを見抜いたと思いこんで、『ウパニシャッド』のみごとな解釈をたっぷり語り聞かせてやまなかった。気の毒にも、その娘は死ぬほど退屈していたが、内気な礼儀正しい娘だったので、口をつぐんで傾聴していた……。

シモーヌ・ヴェーユはうちとけてつき合ってみると、魅力のある機智にあふれた友だちであった。彼女の冗談は趣味がわるくなかったし、皮肉には意地悪さがこもっていなかった。彼女の人並みはずれた学識は非常に深く自分のものになりきっていて彼女自身の内奥から湧き出るものとほとんど見分けがつかないほどだったので、それが彼女の会話に忘れることのできないような魅力を添えていた。しかしながら、彼女には一つの重大な欠点があった（というより、立場を変えてみれば、世にもまれな特質といえるかも知れない）。それは、社会生活の上の要請とか体面などにはいっさい譲歩しないことであった。彼女はつねに、どんな状況にさいしても、自分の考えを腹蔵なく全部の人に披瀝した。この率直さはなによりもまず人びとに対する深い敬意から発していたのだが、しばしば彼女に災難をもたらした。そうした災難の大部分はほほえましいものだったが、ときにはもうすこしのところで悲劇になりかねないものもあった。なにしろどんな真理でもおおっぴらにいいふらすことがはばかられる時代だったのだから。

ここでは彼女の思想の歴史的源泉や、彼女が受けたと推定される影響についてことこまかにかぞえあげるには及ぶまい。彼女は福音書を日々の糧としていたが、それとは別にヒンズー教や道教関係の偉大な著作、ホメーロス、ギリシア悲劇などに深い敬意をいだいており、とりわけプラトンを尊敬していて、その作品を根本的にはキリスト教的に解釈していた。それに反して、アリストテレスを嫌っていた。彼女は、アリストテレスこそ、偉大な神秘思想の伝統を最初にほうむり去ろうとした人物であるとみなしていたのである。宗教家としては十字架のヨハネ、文学者としてはシェークスピア、イギリスの何人かの神秘的な詩人、それにラシーヌが彼女の精神にやはり深い痕跡を残している。同時代人のなかで、彼女が混じり気のない賛嘆の念をこめて私に語ったのは、せいぜいポール・ヴァレリーと『スペインの遺書』の作者としてのケストラーぐらいである。彼女の好みは、彼女の拒み同様、ぶっきらぼうでとりつくしまのないものであった。彼女は、ほんとうに天才的な創作には高い水準の精神性が必要であり、内面のきびしい浄化をあらかじめ経ずに完全な表現に到達することはできないと確信していた。このように内面的な純粋さと真正さとを求める気持ちがつよかったので、作品のなかにいささかでも効果をねらう下心や不真面目さや、誇張の片鱗がうかがえるすべての著作家に対しては情け容赦がなかった。たとえばコルネーユ、ユゴー、ニーチェなど。彼女にとっては、完全に余分なものを脱ぎ捨てた文体、ありのままの魂の《翻訳》だけが価値をもつものであった。彼女は私にこう書いている。「表現の努力は、形式だけを対象としているのではなく、思考と、それに全内的存在を対象としているのです。飾りのないありのままの表現にたどりつかないかぎり、思惟はほんとうの偉大さに到達することはおろか、近づくことさえできません……ものを書くほんとうの手法は、さながら翻訳するように書くことです。外国語で書かれたものを翻訳する人は、そこになにかをつけ加えようとはしません。逆に、原文をつつしみうやまいながら、なにもつけ加えないように細心の注意を払うものです。ものを書くときは、このように、文字に書きあらわされていないテキストを翻訳しようとこころみなければなりません。」

彼女は私のところで数週間すごしたが、自分がいたわられすぎていると思いこみ、ほかの農家に働きに行こうと決心した。無名の人びとのなかの名もない一人として、ほんものの農業労働者の境遇を分かち味わうためである。私は彼女を隣り村の大地主の葡萄摘み作業班に雇い入れてもらった。彼女はそこで一ヵ月以上雄々しく働き続け、体力もなく不慣れなのにもかかわらず、なかまの頑健な百姓たちよりも一日の仕事の時間を早く切り上げることを拒みとおした。頭痛がひどく、しばしば悪夢のなかで働いているように感じるほどだったという。彼女は私につぎのように打明けている。「ある日、私は気がつかないうちに死んでしまって、地獄に堕ちているのではないかしら、そして地獄とは、いつまでもいつまでも葡萄を摘んでいなければならないところではないかしら、と自分の心に問うてみました……」

このような体験を終えてから、彼女はマルセーユにもどった。そこには、ドイツ軍の侵入にともなってパリから追い出された彼女の両親が、かりずまいをしていた。私は何度か彼女をカタラン街の小さなアパルトマンにたずねた。眺望が涯てしなくひろがり、すばらしい水平線まで見はるかせるすまいだった。一方、彼女の両親はアメリカ合衆国への出発の支度をととのえていた。彼女は、不幸に陥っている祖国への愛着と、迫害を受けている友人たちの境遇を分かち味わいたい渇望とから、両親たちと行をともにすることを長いあいだためらった。結局はついて行くことに決心した。アメリカから、ロシアかイギリスに渡る便宜が与えられるだろうと期待していたのだ。私が彼女を最後に見たのは、一九四二年五月のはじめである。彼女は原稿のいっぱいつまったカバンを駅にたずさえてきた。私にそれを読んでほしいとのこと、また彼女が亡命しているあいだそれをあずかっていてほしいという頼みである。別れを告げるとき、私は心の動揺をかくすために冗談めかして、「この世か、さもなければあの世でまた会おうね」といった。彼女はとたんに真顔になり、「あの世では、もう会えないのですよ」と答えた。このことばのなかに、彼女はつぎのような意味を含めていたのだろう。われわれは経験を土台にして、お互いの自我のあいだに境界を設けているが、そのような境界は永遠の生命の統一体のなかでは解消してしまうのだ、という意味を。私は彼女が通りを遠ざかって行くのをしばらくみつめた。私たちはそのご二度と会えないことになる。時間という枠のなかでの永遠との触れ合いは、おそろしいほど束の間のものなのだ。

帰宅してから、私はシモーヌ・ヴェーユの草稿に眼をとおした。十冊ほどのぶあついノートに、彼女は毎日自分の思想をしたためており、さまざまな国語による引用文と彼女の私生活上の覚えがきが混じえられていた。それまで私は彼女の作品としてはいくつかの詩とエミール・ノヴィスという置き換え文字による筆名で『カイエ・デュ・シュッド』にのったホメーロス研究しか読んでいなかった。これから読者の眼にふれる彼女の文章はすべてこのノートから抜き出したものである。このノートを読んで受けた深い感動を表明するために、そのご一度シモーヌ・ヴェーユに手紙を書く余裕がまだ私にはあった。オランから、彼女はつぎのような返事をよこした。この手紙にはわたくしごとのひびきがあるものの、敢えてその全文を紹介したい。それは、この書物の出版の理由を説き明かし、正当化するものだからである。

いまこそ、お互いにさようならをいうべきときがきたように思われます。今後、たびたびお便りをいただくことはむつかしいことでしょうから。三人の愛し合うかたがたのくらしているあのサン・マルセルの家がむごい運命の手をまぬがれるようにとのぞんでおります。そこにはなにかしらとても大切なものがあります。人間の生存はあまりに脆く、あまりに無防備なので、ふるえずにそれを愛することはできません。私のほかのすべての人びとが、あらゆる不幸の可能性から完全に守られていないという事態を、諦念をもって諾う気持ちにはいままで一度もなれませんでした。これでは、神の御旨に服従するつとめにひどくそむいていることになりますが。

あなたは、私のノートのなかに、すでにあなたが考えていたことがらのほかに、まだ考えてはいなかったが、待ちもうけていたことがらも見つけたといわれます。してみれば、それらのことがらはあなたのものなのです。そして、それらがあなたのなかで練り上げられてから、いつの日かあなたの著作の一つとなって世に出ることを希望します。というのは、ある一つの着想が結びつく相手としては私の運命よりもあなたの運命のほうがはるかにのぞましいにきまっているからです。私は自分の運命が現世ではよいものではありえないことを感じています（かといって、私はそれが別の世界でならもっとよいはずだなどと思っているわけではありません。そんなはずはないと思っています）。私という存在は、なにものかがその運命を結びつける相手としてふさわしくないような存在なのです。私がそういう存在であることは、人びとには、程度の差こそあれ、いつも予感されました。ところが、どういうわけかさっぱりわかりませんが、着想というものには人間ほどの弁別力がそなわっていないらしいのです。私としては、自分の頭に浮かんだ着想がよい落ちつき場所をえること以上にのぞましいことはありません。そして、それがあなたのペンのなかに宿って、あなたの面影を反映するように姿を変えれば、どんなにうれしいことでしょう。そうすれば、私のほうではいくらか責任感もかるくなるでしょう。また、つぎのような考えのおしひしぐような重みも、すこしはかるくなりそうです。その考えというのは、想像も及ばないようなあり余る神の憐れみによって、こんな私にもときどき真理が姿を見せてくれるように思われるのに、私のさまざまな欠陥にわざわいされて、その真理のあるがままの姿を伝える役目を果たせないでいる、という考えです。以上のことがらを、私はなんの虚飾も混じえずにしたためたのですが、あなたも同じ気持ちでそれを受けとってくださることでしょう。真理を愛するものにとっては、書くという操作のなかで、ペンをにぎっている手、および、その手に結びついている肉体と精神とは、その社会的な外被もひっくるめて、無限小の重要さしか占めないのです。限りなく小さくなるような無限小なのです。ものを書くという領域のなかでは、私が筆者である場合だけではなく、あなたが筆者である場合も、私が尊敬するどんな作家が筆者である場合も、私としては、その筆者が《だれ》であるかということを、ともかくこの程度しか重視しないのです。私が多少とも軽蔑している作家が書いている場合にかぎって、その筆者が《だれ》であるかということが問題になります。

あのノートをおあずけしたとき、あなたの気に入った箇所をだれでも好きな人に読んできかせてかまわないけれども、だれの手にも渡さないように、と申し上げたかどうか、よくおぼえていません……もし、三年か四年のあいだ、私の消息をすこしも耳になさらなかったら、あなたにあのノートの完全な所有権があると考えてくださって結構です。

以上あれこれと書いたのも、いっそう自由な気持ちで出発したいからです。私が自分のうちに宿している、まだ発展させていない思想の芽をすっかりあなたにおあずけできないことだけは、心残りに思います。けれども幸いにして、いま私のうちにあるものは、価値のないものか、さもなければ、私のそとにもっと完全なかたちで存在しているものです。その清らかに澄んだ領域では、どんなかたちの損傷を受けることもありえず、そこからいつでも下に降りてくることができるものなのです。こんなわけですから、いまの私にかかわりのあることは一つとしてどんなたぐいの重要性をもつこともありえないでしょう。

私はまた、あなたが別離の軽いショックを味わわれたあとは、私の身の上にどんなことが待ちもうけているとしても、そのことで悲しい思いをなさらないこと、そして、ときどき私のことを思い出してくださるのだったら、おさないころ読んだ本を思い浮かべるように思い出してくだされればよいと思います。自分の愛する人びとのどの一人の心のなかにも、けっしてそれ以上の場所を占めたくはありません。それというのも、その人たちに、けっしてつらい思いをさせないという確信をもちたいからです。

あなたが、あたたかいお気持ちから、私におっしゃったり、書いてくださったりしたことばのいくつかを忘れることはないでしょう。そうしたことばは心をあたためるものです。たとえそれを鵜呑みにすることができなくても——私の場合がそうなのですが。それでもやはり、あなたのことばは私の支えになります。たぶん、なりすぎるくらいでしょう。これからさきずっと、お互いにお便りし合えるかどうか、わかりません。でも、そんなことは取るに足らぬことだと考えなくては……

もし私が聖人だったら、この手紙に書かれた申し出を受け容れることができただろう。一方、もし私が非常に低劣な人間であったとしても、やはり、それを受け容れることができたであろう。というのは、聖人だったら、私の自我はもののかずにはいらないだろうし、もし低劣な人間だったら、私の自我だけがおもんじられるだろうから。私はそのどちらでもなかったので、こんな問題は起こりようがなかった。

シモーヌ・ヴェーユはさらにカサブランカから、ついでおしまいにニューヨークから手紙をよこした。そのご自由地域がドイツ軍に占領されたので、私たちの交信もとだえた。一九四四年十一月、私は彼女がフランスに帰ってくるのを待ち受けていたのに、共通の友人たちから彼女がその一年まえにロンドンで亡くなったことを知らされた。

＊＊＊

シモーヌ・ヴェーユはあまりに純粋だったので、多くの秘密をうちに秘めておくことができなかった。自分自身について語るときも、ほかのすべてのことがらについて話すとき同様、飾り気がなかった。私の思い出や彼女との会話を参照しながら、見たところ彼女に生き写しの肖像を造作なく描き上げることもできようし、その奇抜さはこまごました体験談や逸話などを好む人を例外なく夢中にさせるであろう。しかし、彼女を心から愛していた私にはとてもそんなことはできない。作家が作家なかまの友人について話すのと同じような口調で、兄が妹について語ることはできないものなのである。それに、これほどすぐれた精神の糧にピトレスクな香辛料を加えてぴりっと味を引き立てるのは、いくらか悪趣味というものであろう。それゆえ、私たちが出会う以前の彼女と以後の彼女について、その生活のおもな輪郭をたどるだけにとどめておきたい。

一九〇九年にパリに生まれ、アランの生徒だった彼女は、非常に年若くしてエコール・ノルマル・シュペリユールに入学し、哲学のアグレガシオンを優秀な成績でパスした。彼女はそれからいくつかの高等中学で教鞭をとり、早くから政治に関与した。彼女は、教師としてあるいは世俗の人としてつくろうべき体裁などにはいっこうかまわずに、革命的な信念を表明した。そのため、上司からいろいろといやがらせをいわれたことはいうまでもない。彼女はそうしたいやがらせを超然とした軽蔑の態度で受けとめていた。ある総監が彼女を処罰するとおびやかし、場合によっては免職するかもしれないと告げたとき、彼女はほほえみながら答えた。「視学官さん、私はいつも、免職ということを自分の教師稼業の規定の終止符だと考えておりました。」彼女は極左派の戦列のなかで行動していたが、どんな政治結社にも加入せず、弱いものやしいたげられた人びとを党派人種の別を越えて擁護するだけにとどめていた。貧しい人びとの境遇を十分に分かち味わいたい気持ちから、彼女は休暇をとり、ルノーの工場に雇われた。そこで、だれにも身分を明かさずに、フライス盤工員として一年間働いたのである。労働者街に一室を借り、もっぱら労働に対して支払われたわずかな賃金だけで生活していた。たまたま肋膜炎にかかったので、この体験は打ち切られた。スペイン戦争にさいして、彼女は左派軍に入隊した。ただし、自分に与えられた武器はけっしてつかうまいと心にきめており、兵士というよりはむしろ士気を鼓舞する役割を果たした。ある肉体的な事故（不注意から熱湯で足に火傷を負ったのである）のために、彼女はフランスにもどった。彼女が愛情をもって結ばれていた両親は、娘の英雄的精神の暴走にひどく心配させられたものだが、こうした悲劇的な状況にさいしても、彼女の生涯を通じていつも彼女に与えていたあの同じ心づかいで、絶え間なく彼女をつつんでいた。このやさしい心づかいこそ、彼女の生存が大詰めになる時点を遅らせたものに相違ない。彼女の生存は、ごくわずかな不純物があるだけでも、この世に長居できなくなるようなかよわいものだったから。「カラマーゾフの兄弟たちが彼らの本性のいちばん低い部分から引き出している力」、人間を大地に密着させる力、それが彼女にはふしぎなほど欠けていた……

一九四〇年から一九四四年にかけてフランス人たちのあいだにあれほど深刻な分裂を生じさせた一連の出来事の渦中にあってシモーヌ・ヴェーユがとった態度を記憶によみがえらせるまえに、ぜひつぎのことを強調しておきたい。それは、彼女のことづての永遠で超越的な内容を現実の政治の光のもとに解釈したり、党派同志の争いに関連づけて考えたりすることは、彼女の思い出を侮辱することになるだろう、ということだ。どんな社会的な徒党も、イデオロギーも、有利な証言をあてにして彼女に訴える資格はない。彼女は民衆を愛し、あらゆる抑圧を憎んでいたが、それだけでは彼女を左翼政党に加入させるには足りなかった。進歩を否定し伝統を崇拝する彼女ではあったが、だからといって右翼の陣営にはいるようなことはなおさらありえなかった。彼女は、なにごとにつけても示していた情熱を政治への参加にもそそぎこんではいたが、一つの意見、一つの国家、あるいは一つの階級を偶像視するどころか、社会的な領域はいずこにもまして相対的なものと悪のすみかであることを知っていたし（彼女は「社会的なものについて観想することは、現世から引退することと同じくらい効果のある浄化作用をもつ。だからこそ、私が長年のあいだ政治から離れず歩み続けてきたのもまちがいではなかったのだ」と書いている）、また、社会的な領域のなかで超本性的な魂の果たすべきつとめは、一つの党派を狂信的に信奉することではなく、むしろ、被征服者としいたげられた人びとの側に立って絶えず均衡を回復しようとこころみることにあることを知っていた。だからこそ、彼女はコミュニスムを嫌っていたのに、ロシアがドイツ軍の軍靴に踏みにじられていたとき、彼地に向けて出発したいと思ったのである。この釣合いの観念は、彼女の政治的社会的活動の構想のなかで非常に重要な位置を占めている。「社会がどの方向に均衡を失っているかがわかったら、軽すぎるほうの皿におもりを加えるためにできるだけのことをしなければならない。たとえそのおもりが悪であったとしても、均衡を回復しようとする意図のもとにそれを取り扱うならば、おそらく自分自身が悪に染まることはないだろう。ただし回復すべき均衡をあらかじめ念頭に置いておかなければならないし、また、《勝利者の陣営からの逃亡者》である正義と同じように、いつでも秤の別の側に移れるようにそなえておく必要がある。」

彼女はこのような考えかたをもっていたので、休戦直後、おのずからレジスタンス運動に心を傾けた。この運動はその起源も目的も多岐にわたるものであるが、今日ではひとまとめにレジスタンスと呼ばれている。アメリカに出発するまえに、彼女はフランスの国家警察といざこざを起こした。それに、ゲシュタポの犬がかりな手入れが相次いでいたあの時期にもし彼女がフランスに残留していたとしたら、どんな運命が待ち受けていたか、想像にかたくない。アメリカ合衆国に到着するとすぐに、彼女はレジスタンスに加入の手続きをとった。一九四二年十一月、ロンドンにおもむいた彼女は、モーリス・シューマンのもとでしばらく働いた。フランスに派遣されることを執拗に願い出たものの、彼女がユダヤ人であることは顔を見ればすぐわかるので、彼女ののぞみはかなえられなかった。彼女は、当時フランス人たちの上に蔽いかぶさっていた危険にわが身をさらすことができないので、せめて同胞の窮乏を分かち味わいたいと思い、そのころフランスで配給券によって支給されていた食糧と厳密に同じ分量しか食べないように食事を切りつめた。この食生活はすでに不安定だった彼女の健康を間もなく蹂躙した。飢えと結核にむしばまれた彼女は、入院を余儀なくされた。彼女はそこで特別に大切にされたが、そのことをひどく苦にした。すでに私の家で、彼女のそうした性格のあらわれに私は気がついていたのである。彼女は特別待遇を受けるのがひどく嫌いで、自分を並みの扱いから引き上げようとするあらゆる配慮の手を荒々しくふりはらうのがつねだった。社会のいちばん低い階級のなかで、この世の大ぜいの貧しい人びと、恵まれない人びとのあいだに溶けこんでいないかぎり、くつろいだ気持ちになれなかったのである。郊外に移された彼女は、自然にもう一度相まみえたよろこびを表明したのち、そこで亡くなった。その臨終の一部始終について私はなにも知らない。彼女は、「死の苦悶はいまわのきわの暗夜であり、完徳に達した人たちでさえも、絶対の純粋さにたどりつくためにそれを必要とする。そのためには、苦しみが耐えがたいものであるほうがよい」と書いている。私としては、彼女の生涯は苦渋にみちみちていたから、むしろおだやかな死を迎えるという恩寵がさずけられたものと考えたい。

＊＊＊

ある種の偉大な作品がそうであるように、シモーヌ・ヴェーユの文章も、解釈をほどこせばどうしても密度が低くなり、本来の意味からそれてしまうたぐいのものである。このような文章を紹介する資格がかろうじて私に与えられているのは、ひとえに、著者と私を結ぶ友情と、二人で交わした何度かの長時間の会話のおかげである。そのおかげで私は平坦な道をとおって彼女の思想に近づくことができ、また、脈絡を欠いた表現や練り上げの不十分ないくつかの表現形式に、正確な照明と有機的な前後関係を与えることもできたのである。といっても、パスカルの『パンセ』の場合と同じように、ここにあるのも、その日その日に、しかも往々にして急いで積み上げられた単なる待歯石のかずかずでしかないことを忘れてはならない。それらはもっと完全な建築を目ざしていたのだが、悲しいことにそれはとうとう日の目を見なかったのである。

これらの文章は生地のままで飾り気がない†。ちょうどそれらの文章に託して表現された内的体験がそうであるように。生活とことばのあいだにはどんな詰めものも介在していない。魂、思考、表現が、つぎ目のないひとかたまりになっている。たとえ私がシモーヌ・ヴェーユを個人的に知らなかったとしても、その文体を見ただけで彼女の証言の真正さは私の眼にゆるぎないものとして映るであろう。彼女のさまざまな思考の特徴としてなによりも印象的なのは、それらが非常に多くの方面に適用できることである。彼女の思考の純一さは触れるものすべてを単純化する。彼女の思考はわれわれを存在のいただきに連れて行く。そこからは、広大無辺の彼方に重畳する水平線が一目で見てとれるのである。彼女はこう書いている。「さまざまな意見を迎えいれるべきである。ただしそれらを垂直に組み上げて、それぞれ適当な段階に居を定めてやらなければならない。」またさらに、「種々の段階の解釈を内包するに足りるくらい十分に実在性をそなえたものは、すべて罪のないものか善いものである」という意味のことも述べている。このような視野の広さと純粋さのしるしが、彼女の作品のどのページにも見出される。

つぎに一つの例として、ライプニッツも解決できなかったオプティミスムとペシミスムの永遠の相剋にけりをつける彼女の見解をかかげよう。「創られたものと神とのあいだにはあらゆる段階のへだたりがある。そのうちの一つは、神を愛することができないようなへだたりである。物質、植物、動物。そこでは悪はすっかり出来上がっているので、それ自体崩壊して行く。もう悪はなくなる。罪の穢れを知らない神の特性がそこに映し出される。われわれは愛がどうにかこうにか可能な地点にいる。これは大きな特典である。なぜなら、結び合わせる愛のつよさは、へだたりと比例しているから。神の創った世界は、可能なかぎりの最良のものではなかったが、あらゆる段階の善と悪とを含んでいる。われわれは、世界のいちばんわりのよくない地点に位置している。というのは、この点を下まわる段階では、悪いことをしても罪にならないのだから。」

それから、つぎに示す着想は悪の問題に照明をあて、その光は神の愛の深い隠れた意味にまで及んでいる。「創られたものはすべて私の目的となることを拒む。これが神の私に対するこの上もない憐れみである。そして、ほかならぬそのことが悪を構成する。悪は現世における神の憐れみの形象化である。」そして、つぎに引用するのは、ショーペンハウアーやサルトルのように、世界に悪が現存するという事実から根本的なペシミスムを引き出す思想家全般に対する、きびしい、とどめを刺すような反駁である。『世界にはなんの値うちもない、この人生にはなんの値うちもない』といいながら、その証拠に悪をもちだすのは無意味なことである。なぜなら、もしなんの値うちもなければ、悪はいったいそこからなにを奪うというのだろう？」

さらに、高い次元に属するものが低い次元に属するもののなかに挿しはさまれている法則をつぎのような表現に託して示している。「ある一つの秩序に、それを超越する秩序を対比させる場合、超越するほうの秩序は、無限に小さなもののかたちでしか、超越されるほうの秩序のなかに挿入されえない。」これはパスカルの三つの秩序の法則を完成し、深化したものである。じじつ、生命の世界は物質世界のただなかにおいて一つの無限小のように見える。地球、それにおそらく宇宙にくらべれば、生命をもつ存在はいったいどれほどのものをあらわしているのだろう？　同様のことが精神の世界と生命の世界の対比についてもいえる。地上にはすくなくとも五十万種類の生物が存在しているがそのなかで、一種類だけが「知恵という資質」を所有しているのだ。さらに恩寵の世界に眼を向ければ、それはまたそれで、われわれの思考や世俗的な感情の総量にくらべれば一つの無限小をあらわしているのである。福音書の「たねなしパン」や「からしだね」のたとえは、この「純粋善の無限小的性格」を十分に示している。

シモーヌ・ヴェーユの全作品は内心の浄化を求める激しい願望でうごかされ浸されている。この願望は彼女の形而上学と神学にまで波及している。彼女は心底から純粋で絶対な善を求めていたが、現世にはその存在を彼女に証してくれるようなものはなに一つなかった。とはいえ、そのような善が彼女の内部や外側に存在するどんなものよりも実在的であることを感じており、この完全な実在に対する信仰を、運命や不幸のいかなる打撃によっても、物質や精神のいかなる渦巻によっても揺るぐことのないような土台の上にしっかりと据えたいと思った。そのためには、なにを措いてもまず内的生活からあらゆるかたちの錯覚と埋め合わせを取り除くことが肝要である（想像上の信仰心、宗教の与える《慰め》、自我の不滅への盲信、等々）。こうしたものはあまりにもしばしば神の名を僭称しているが、実際は、われわれの弱さや傲慢な心の逃げこみ場所にすぎないのだ。「無限をどの場所に置くかに注意しなければならない。有限だけにふさわしいような水準に無限を置くとすれば、それに対する呼び名などはどうでもよいことになってしまう。」

創造はその美しさと調和のなかに神を反映している。その反面、創造のなかに住みついている悪と死、および創造を律している無情な必然性は、神の不在をあらわに見せているのだ。われわれは神から出た、ということはわれわれが神の刻印をうちに宿していることを意味する。と同時に、われわれが神からはなれていることを意味する。「存在する」[1]（exister）という語の語源はこの点に解明の光をあてる。われわれは（神の）外側に置かれているのである。在るのではない。神は在るものであり、われわれが神の外側に位置することができるように、いわばわきに寄ったのである。神は「なにもかも」になることはしなかった。われわれが「なにものか」になれるように。神はわれわれのために自分がもっていた必然性を放棄した。この必然性こそ善にほかならない。その結果、善に対してなんのかかわりも関心ももたない別の必然性が勝手に幅をきかせるようになった。神はほかならぬ創造のわざを終えてこの世からしりぞいたのだが、この世で中心となる法則といえば重力の法則であって、それは生存しているもののあらゆる段階に似寄ったかたちで見出される。重力はどんな力にもまして「遠神的《ディフュージ》」な力である。重力はそれぞれの創られたものをうながして、それを保ったり生長させたりする可能性を含むあらゆるものを求めるようにしむけ、また、トゥーキュディデースのことばによれば、それが行使しうるすべての能力を発揮するようにしむける。心理学的にいえば、重力は自我を主張したり自我の名誉を回復させようとするすべての動機となってあらわれ、すべての隠密な誤魔化しの手段（内心の虚偽、夢のなかやまやかしの理想のなかへの逃避、過去と未来を想像のなかで蚕食すること、等々）となってあらわれる。こうしたさまざまな手段は、われわれがぐらついている自分たちの生存を内側から補強するために、つまり、神の外側に神と対立して存在し続けるために用いるものなのだ。

シモーヌ・ヴェーユは救いの問題をつぎのようなことばを用いて設定する。「われわれの内部にある重力に似た力からどうやってのがれることができるのだろう?」もっぱら恩寵によってである。神は時間空間の無限に厚い壁をとおり抜けてわれわれのところにやってくる。この世を牛耳っている必然性と偶然の盲目的なはたらきによって神の恩寵がすこしでも変化するようなことはない。それはわれわれの魂のなかに深くしみ込んでくる。ちょうど水滴が幾層にも重なる地層をつらぬいて浸透し、しかも地層の構造を変えることがないように。そして、われわれの魂のなかの恩寵は沈黙のうちにわれわれがふたたび神になることに同意する日を待つ。重力は創造の法則であるから、恩寵のはたらきはわれわれを《遡創造する》ことに存する。われわれが「なにものか」になれるように、神は愛によって「なにもかも」でなくなることに同意した。神がふたたび「なにもかも」になるように、われわれもまた愛によって「なにもの」でもなくなる(無になる)ことに同意しなければならない。したがって、われわれのうちにある自我をなくさなければならない。この「罪と誤謬が神の光をさえぎって投げかける影」、われわれが一つの存在だと思いこんでいるこの影をなくさなければならないのである。この全面的な謙遜と無になることへの無条件の同意をよそにしては、どんなかたちの英雄的行為も犠牲的行為も重力と虚偽にいつまでも従属することになる。「われわれは『私』のほかにはなにも神に捧げることができない。そのほかに捧げものと名づけられているものはすべて『私』というかわりの別の主張の上に体裁よく貼られたレッテルにすぎない。」

「私」をほろぼすためには、人生のあらゆる災厄に対して無防備の裸身をさらさなければならない。真空を、不均衡を受け容れなければならない。不幸の埋め合わせをけっして求めてはならない。そしてとりわけ、自己のうちにひそむ想像力、「恩寵がはいりこめるようなあらゆる裂け目をふさぐために絶え間なくはたらいている」想像力のはたらきを停止させなければならない。すべての罪は真空を避けようとするこころみである。一方、過去と未来を断念することも必要だ。なぜなら、「私」は、いつも微力な現在のまわりに凝結した過去と未来にほかならないからである。記憶と希望とは、想像のなかでの上昇に無制限な活動の余地を与えて（過去の私は……だったと思い出したり、未来の私は……になるだろうと希望したりして）、不幸の有益な効果を抹殺してしまう。それにひきかえ、現在の瞬間に対する忠実さは、ほんとうに人間を無にし、そしてそれによって、永遠へ通じる扉が人間のまえにひらかれるのである。

「私」は愛によって内側からほろぼされなければならない。だが、外側からも、極度の苦しみとみじめさによって、それをほろぼすことができる。浮浪者や売春婦のなかには、聖人よりも自己愛がすくなく、その全生活が現在の瞬間に限られている連中がいる。そこに低劣さの悲劇がある。この低劣さを手のほどこしようのないものにしているのは、それによってほろぼされる「私」が貴重なものだからではない。なぜなら、その「私」はほろぼされるようにできているのだから。むしろ、この低劣さゆえに、その「私」を神がみずからの手でほろぼすことができなくなっているからであり、また、この低劣さが永遠の愛から獲物を奪っているからである。

シモーヌ・ヴェーユは、このような自我を殺す超本性的な行為をあらゆる形態の人間的な偉大さや英雄的行為と峻別する。現世における神はもっとも弱くもっとも無防備な存在である。神の愛は、偶像たちの愛とはちがって、魂の官能的な部分を満たしはしない。神に近づくためには、暖簾に腕押しのような努力を重ねなければならない。おそるべき死の秘義にベールをかける、情念と傲慢のあらゆる陶酔を拒まなければならない。そして、聖書の語るあの「静かな細い声」〔列王紀上一九・一二〕――それは、五感によっても自我によっても知覚されないものであるが――の導きにのみ身をまかせなければならない。「ペトロのように、キリストに対して『私はあなたにいつまでも忠実を守ります』ということは、すでにキリストを否んだことになる。なぜなら、それは忠実のみなもとを恩寵のなかではなく、自己のうちにあるものとみなしたことだから。ペトロは選ばれた者だったので、この否みはすべての人にも彼自身にも明らかになった。ほかのどれほど多くの人が同じように自分の忠実さをひけらかしていることか――そしてその人びとはすこしも理解していないのだ。」強い者のために死ぬのはたやすい。なぜなら、力への協力からは一種の酩酊が溢れ出て、それが人を麻痺させるからである。それにひきかえ、弱い者のために死ぬのは超本性的なことである。大ぜいの人びとがナポレオンのために雄々しく死ぬことができた。ところが、死に臨んだキリストは弟子たちに見棄てられたのである（後世に及んで殉教者たちが生命を捧げることはもっと容易になった。というのは、彼らはすでに教会の社会的な力に支えられていたから）。「超本性的な愛は、力とはなんの触れ合いももたない。しかし、それは、その反面、魂を力のつめたさからも、鉄のひややかさからも保護しない、地上的な執着だけが、十分にエネルギーを含んでいるとすれば、鉄のひややかさから保護する力をもつ。よろいは剣と同様、鉄でできている。魂を傷つけるおそれのない愛をのぞむのだったら、神以外のなにかを愛さなければならない。」

　英雄はよろいかぶとを身につけているが、聖人は裸である。ところで、よろいかぶとは攻撃から身を守ると同時に、その反面、実在的なものとの触れ合い、とりわけ第三次元との直接の触れ合いを妨げる。この第三次元とは超本性的な愛の次元である。事物がわれわれに対して実在として存在するためには、それがわれわれのうちに深くはいってこなければならない。だから裸でいる必要があるのである。もしよろいかぶとに身をかためていれば、なにものもわれわれのうちにはいってくることができない。よろいかぶとは怪我から身を守ると同時に、怪我のもたらす深遠なものを塞止めてしまうのだから。すべての罪は第三次元に対する侵犯である。深いところにはいりこもうとする感覚を、非実在の面に、痛さ知らずの面にひきもどそうとするこころみである。そこにはつぎのような容赦のない法則がある。自分のうちの実在的なものとの親密で直接な接触をゆるめればゆるめるほど、それだけ自分の苦しみは減る。この過程が極限に達すると、生活はまったく表面的なものになってしまう。人はもう夢のなかでしか苦しまなくなる。というのは、二次元に引き下げられた生存は、夢のように平たくなってしまうからだ。同じことが、慰め、錯覚、自慢話、それにすべての埋め合わせ的反応——われわれはこうしたものによって、実在的なものがわれわれの内側に穿った真空を埋めようとするのだが——についてもあてはまる。じじつ、すべての真空、すべての空洞は、第三次元の現存を裏づけている。人は表面のなかに食いこむことはできない。そして、真空をふさぐということは、表面に逃げること、表面に遊離することに等しい。古い物理学の「自然は真空を嫌悪する」という諺は、心理的な事象にも厳密にあてはまる。しかし、恩寵がわれわれのうちにはいるには、まさしくこの真空を必要とするのである。

この《遡創造》の過程は——それだけが救いに至る唯一の道なのだが——恩寵のなすわざであって、意志のなすわざではない。人間は自分の髪の毛を引っぱったところで天には昇れない。意志は盲従的な仕事にしか役に立たないのである。それは本性的な諸徳が正しく行使されるように取り締る。そして、種子を蒔くまえに耕作者の努力が必要であるように、本性的な諸徳は恩寵の作業に先立って要請されるものなのである。だが、神の種子は別のところからやってくる……プラトンやマールブランシュと同じように、シモーヌ・ヴェーユもこの領域において意志よりも注意をはるかに重視する。「われわれは、善にも悪にも公平でなければならない。それもほんとうに公平でなければならない。すなわち、どちらにも同じように注意の光をあてるのである。そうすると善のほうがひとりでに優位を占めるようになる。」創り上げなければならないのは、まさにこのすばらしい《ひとりでに》ということなのだ。これは、善を行なうために自我を萎縮させたり、「自分の才能をむりにはたらかせ」たりしながら（高い次元の行為が低い次元の精神状態によって行なわれることほど人の品位を低めるものはないのである）えられるものではない。むしろ、自分自身を目立たなくしながら、愛しながら、恩寵への完全な従順に到達すること——そこから善がひとりでに溢れひろがる——によってえられるのである。「行為は秤の指針である。指針にさわってはならない。おもりにさわるべきである。」不幸なことに、指針をくるわせるほうが「ゼウスの黄金の秤」のおもさを変えることよりもたやすいのである。

それゆえ、宗教的な注意がわれわれを「相反するものの迷い」の上に引き上げ、善と悪との選択を超越させる。「選択は低い水準に属する観念」なのである。私がある一つのよくない行動をするかしないかで迷っているかぎり（たとえば、私にからだを与えようとする女性を所有するかしないか、とか、あの友人を裏切ろうか裏切るまいか、など）、たとえ私が善を選んだとしても、私は自分がしりぞけた悪よりもほとんど高くなりはしない。私の「善い」行動がほんとうに純粋であるためには、私がそのようなみじめな心のゆれうごきを制する必要がある。また、私が行なう眼に見える善は、私の内的必然の正確な翻訳でなければならない。この点で、聖性は卑劣さに似ている。きわめて低劣な男は、情欲の命じるままにある女をわがものにすることも、利益の求めのままに友人を裏切ることも、ためらわない。それと同じように、聖人にとっては、純粋であるためにも忠実であるためにも選択の必要はないのである。彼はそうするよりほかにしようがない。みつばちが花におもむくように彼は善におもむく。人が悪と秤にかけたうえで選ぶ善は、せいぜい社会的な価値しかもたない。「隠れたことを見る存在」〔マタイ福音書六・四〕の眼から見れば、それは悪と同じ動機から発し、同じ低俗さを帯びているのだ。だからこそある種のかたちの「徳」とそれに悖る罪とのあいだに類縁関係がしばしば立証されることになる。盗みとブルジョワたちが私有財産に払う敬意、姦通と「貞淑な女」、貯金と浪費、等々。真の善は悪と対立するものではない（あるものと直接に対立するためには、同じ水準に位置しなければならないから）。善は悪を超越し拭い消すものである。「悪によっておかされるもの、それは善ではない。なぜなら、善はおかされることのないものだから。おかされるのは品位の低い善だけである。」

純粋善をひたすらさぐり求める魂は、現世では梃子でも動かせないような矛盾にぶつかる。矛盾は実在的なものを見分ける基準である。「われわれの生は不可能であり、不条理である。われわれが欲するものは一つ一つ、それに結びついた条件や結果と矛盾する。それというのも、われわれそのものが矛盾しているからである。すなわち、われわれは創られたものであると同時に神であり、しかも神とは無限に異なっているからである。」たとえば無制限に子供をこしらえたとする。人口過剰になり、戦争が誘発されるかもしれない。民衆の物質的境遇を改善すればするで、彼らの魂まで変えることになりかねない。また、だれかに全面的に献身する人は、そのだれかにとって存在することをやめてしまうだろう。それにひきかえ、想像上の善だけは矛盾を含まないのである。たくさん子供を産みたいと思っている未婚の女性、民衆の幸福を夢みる社会改革家等々は、行動に移らないかぎりどんな障害にもぶつからない。彼らは一種の純粋な、ただし虚構にすぎない善の海原を、帆をいっぱいに張って航行している。暗礁にぶつかるとその衝撃が目ざめの合図になる。この矛盾は、われわれのみじめさのしるしであると同時に偉大さのしるしでもあり、そのにがさをつぶさに味わいながら受け容れなければならない。善と悪のいり混じったこの宇宙の不条理を体験し、不条理を不条理として苦しんだのち、はじめてわれわれは純粋善に到達するのだが、この純粋善の王国はこの世のものではない。「善い行為とはつぎのようなものをいう。すなわち、注意と意向とを純粋で不可能な善に全面的に向けながら、その純粋な善の魅力をも不可能性をも虚偽のベールで蔽うことはいっさいせずに遂行することのできる行為である。」夢のようにはかないもの（地上の父のような存在として想定された神への信仰、科学あるいは進歩への信仰……）によって必然的なものと善とのあいだにぽっかり口をあけている深淵をみたすかわりに、矛盾の二つの枝をあるがままの姿で受け容れ、そのあいだのへだたりによってまっぷたつに引き裂かれるままになるべきである。この引き裂かれた状態は、神を引き裂いている創造の行為がいわば人間のなかに反映している姿なのだが、この状態のなかにこそ、必然性と善とはもともと同じものであったことを再発見できるのである。「この世界は、まったく神を欠いているかぎりにおいて、神自身なのである。必然性は、善とまったく異なるものであるかぎりにおいて、善そのものである。だからこそ、不幸のなかの慰めはすべて、人を愛と真実とから遠ざけるのだ。これこそ秘義のなかの秘義である。この秘義に触れるとき、人は安心である。」このように、混同を受け容れることを拒む人は、苦しみの刻印を打たれているのだ。地上の国王（クレオン）に命じられて冥府に愛を求めに行ったアンティゴネーから、人間の不正によって墓のなかまで十字架の責苦を担わされたシモーヌ・ヴェーユその人に至るまで、不幸は、絶対を恋い求めて相対の森に踏み迷ったすべての人びとのめぐり合わせなのである。「もし人がただ善だけを欲求するならば、光を受けた物体を影に結びつけるように現実の善を悪に結びつけている法則にさからうことになり、また世界をあまねく支配している法則にさからうことになるので、不幸に陥ることは避けられない。」魂が自分の力で完全にからにならないかぎり、純粋善に対するこの渇望は罪ほろぼしの苦悩にしかならない。完全に清浄な魂のなかでは、この渇望から贖罪の苦悩が生まれる。「清浄であること、それは全宇宙の重みを支えることだ。分銅を投げることだ。」したがって、純粋さは苦しみをなくしはしない。むしろ逆に、それを際限もなく深く掘り下げ、そしてそれに永遠の意味を与えるのである。「キリスト教のこの上もない偉大さは、苦しみに対する超本性的な救済手段を求めず、苦しみの超本性的な効用を求めることに由来する。」

人間を《遡創造》し、人間を神にもどすこの苦悩の秘義の中心は受肉の秘義に在る。もし神が受肉しなかったのなら、苦しみを味わって死ぬ人間は、ある意味で、神よりも偉大であろう。だが、神は人間の姿をとり、しかも十字架の上で死んだ。「神が神を見棄てた。神はみずからをからにした。このことばは、創造と受肉とを、それに受難をも同時に内包している……われわれが非存在《ノン・エートル》であることを教えるために、神はみずから非存在となった。」ことばをかえていえば、われわれ人間に自分のなかにある「創られたもの」を解消するすべを教えるために、神はみずから「創られたもの」の姿をとったのである。そして神の、自分を自分自身から引きはなすという愛の行為（受肉）によって、われわれは神のもとに連れもどされたのだ。シモーヌ・ヴェーユは、イエス・キリストが人間の条件をもっともみじめなもっとも悲劇的なかたちで一身に具現したという事実のなかに、イエス・キリストのとりなしびととしての役割の本質を見ている。しるしや奇蹟は、彼の使命の人間的な、ほとんど低いといってもよい部分にすぎない。超本性的な部分、それは死の苦しみであり、血の汗であり、十字架であり、黙して答えぬ天へのむなしい呼びかけである。「私の父よ、なぜ私を見棄てられたのか？」時間と悪のまっただなかに投げこまれた創られたもののすべての苦悶を集約するこのことば、父なる神が沈黙によってのみそれに答えたこのことば――このことばこそ、それだけで十分にキリスト教が神のものであることをシモーヌ・ヴェーユに証すものなのである。

人間は過去と未来を放棄して、一点に凝縮した瞬間のうちに生きることによってのみ救われる。

このことは、人類の無限の進歩を説く現代の神話を、たとえそれが神の教育方針という枠のなかにはめこまれたものであっても、退けるのである。この神話に含まれた考えほど神を冒涜する考えはめったにあるまい。なぜなら、それは永遠だけが与えることのできるものを未来のうちに求めるようにわれわれをしむけるからだ。すなわち、われわれを神からそらすようにしむけるからだ。「どんなものごとも、それが起源としてもっていないものを、目的としてもつことはできない。これと相容れない観念、進歩の観念、毒。この実をならせた木の根は引き抜くべきだ。」といっても、人類が時の経過とともにさまざまなものを獲得することができないという意味ではない。しかし、この進歩は、時間の制約のもとにあるかぎり、けっして無限のものではありえないのである。なぜなら、持続はそれが産み出すものを喰い尽くしてしまうのがつねだから。時間を永遠とは抜き差しならぬほど違ったものとして受けとめている人が多いが、時間こそわれわれにとっては永遠への扉なのである。それを永遠の代用品《エルザッツ》にしてはならない。

純粋な瞬間としての現在に生き、暖簾に腕押しのような労苦を重ねなければならないという必要——それは救いの根本条件である——から、シモーヌ・ヴェーユは肉体労働にひそむすばらしい霊性を導き出す。この労働は人間を、地上の生活につきものの不条理と矛盾とに、じかに触れ合わす。そして、労働する人が真実に悖ることがなければ、この労働によって彼は天に触れることもできる。「労働は人を疲労困憊させせながら、投げても投げてもはね返ってくるボールのような目的性という現象を体験させる。食べるために働くのか、働くために食べるのか……二つのうちの一方を他方の目的とみなしたり、あるいは二つのものを切りはなして単独に目的とみなしたりすると、人は方向を見失う。真理は循環のなかにしか含まれていない。」だが、この循環を一望のもとにおさめるためには、未来から顔をそむけて永遠の高みにまで上昇しなければならない。「民衆のアヘンは、宗教ではなく、革命である。」

現世においては、数知れぬ相対的なものが絶対のラベルを貼られて魂と神のあいだに置かれている。人間は、すべてになるために無になることを諾わないかぎり、偶像を必要とする。「偶像崇拝は洞窟のなかでの生活必需品である。」そして、これらの偶像のうち、社会的な偶像、つまり集団としての魂の偶像がいちばん強力で危険である。罪の大方は社会的なものとかかわりをもつ。それらの罪は外見を飾ったり支配したりしたいという渇望にそそのかされたものなのだ。といっても、シモーヌ・ヴェーユは社会的なものそれ自体をしりぞけるわけではない。環境、根づき、伝統等々が天と地をつなぐ橋であり仲立ちであることをわきまえている。彼女がしりぞけるもの、それはプラトンの巨獣と黙示録の獣によって象徴された全体主義的な都市である。その力と威信が、魂のなかで神の占める場所を横領しているのだから。社会的なものの偶像視は、それが保守的な外観を呈するにせよ、革命の衣をまとうにせよ、また、現在の都市を礼拝するにせよ、未来の都市を崇めるにせよ、つねに真の神秘的な伝統を圧殺し、そのあとがまにすわろうとする傾向をもつ。この偶像崇拝から、預言者や聖人に加えられるあらゆる迫害が生じる。アンティゴネーやジャンヌ・ダルクはそのために断罪され、イエス・キリストは十字架につけられた。社会という獣は人間に宗教の代用品を提供する。この代用品は、人間が自力で自分を無にすることなしにみずからを超越者とすることを可能にし、その結果、人間はほんのわずかな労力を払うだけでまことの神なしにすますことができるようになる。どんなに高次の徳も、社会的な意味では模倣しやすいもので、こうして模倣された徳はたちまちファリサイスムに下落してしまう。「ファリサイ人とは、巨獣に服従することによって徳を保つ人のことである。」

古代の二つの民がこの集団としての魂の偶像崇拝を化身している。イスラエルとローマだ。「ローマ、それは神を信じない巨獣、唯物的で、自分自身だけしか崇めない巨獣である。イスラエル、それは信仰をもつ巨獣である。どちらも好ましい存在ではない。巨獣はいつも嫌悪の念を起こさせる。」ニーチェは、イスラエルとローマの相剋のなかに生命についての二つの梃子でもうごかない考えかたの鍔迫合いを見ていたが、シモーヌ・ヴェーユから見れば、それは同じ性格をもつ二つの全体主義の角突き合わせにすぎない。しかしながら、ここで強調しておかねばならないことが一つある。それは、彼女の反セミティスムは非常に辛辣なもので、そのために、カトリック教会が旧約と新約のあいだに設けている持続性が彼女のカトリシスムへの帰依をはばむおもな障害となったほどだが、彼女のこの反セミティスムはまったく精神的な次元のものだった、ということだ。したがって、今日いわゆる反セミティスムの名で呼ばれているものとはなんの共通点ももっていなかったのである。たとえば、彼女はヒトラーの反セミティスムとユダヤ人たちの世俗的なメシア待望とを同じように嫌悪していた。いくたび彼女は、反セミティスムがユダヤ人たちに根ざしていると、私に語ったことだろう。彼女は好んでつぎのようなことばを繰り返したものである。ヒトラーはユダヤ人たちと同じ地盤に立ってユダヤ人狩りをしていたのだし、ユダヤ人たちを迫害したのも、ひとえに自分の利益をおもんぱかって別の名前のもとに、ユダヤ人たちの部族の神、地上的で残酷で排他的な神を再生させるのが目あてにほかならなかったのだと。社会的な偶像に対する彼女の嫌悪は、当然のことながら、すべてのほかの全体主義的な神秘主義、とりわけマルクシスムに向けられた。カトリック教会にはいろいろな面で敬服していた彼女だったが、そのカトリック教会さえも、社会的なものに対する彼女の批判の矛先からまぬかれなかった。それがユダヤとローマに起源をもつこと、その世俗的なことへの容喙、その組織と教階制《ヒエラルキア》、公会議、「教会の外に救いなし」もしくは「彼は破門《アナテマ・シット》されよ！」のようないくつかのきまり文句と、宗教裁判のようなある種の歴史的事象としてのそのあらわれ、等々は、彼女の眼には社会的な偶像崇拝の形態として——おそらく高次のものではあるが、それだけにこの上もなくおそろしい形態として——映ったのである。それでも、彼女は教会に神の現存と霊感があることを信じてやまなかった。晩年の彼女はこう書いている。「幸いにして、地獄の門も（教会に）勝てないだろう。そこには真理の腐敗することのない中核が残っている。」

＊＊＊

以上がシモーヌ・ヴェーユの思想のあらましである。この解説のように図式化すると、彼女の持論をときには明確にし、ときには一段とつよめ、ときにはそれに均衡を与えている数限りない微妙な陰影が、どうしてもわきに追いやられてしまう。しかし導入部というものは、文字どおり敷居をまたぐようにと導き入れることであって、そのほかのことではありえないのだ。

つぎのようにいっておこうか。シモーヌ・ヴェーユに対する私の友情と尊敬、彼女を失った苦痛、死を越えたところで日ごと彼女に再会しているよろこび、彼女の思想を絶え間なく私の糧としていること、そしてとりわけどんな真正の親密さにもつきものの抑えがたい恥じらい、こうしたものの相乗作用によって、彼女の作品を批判しながら分析するこころみに必要な客観化の労をとることが私にはほとんど不可能になっていると。

私はカトリックであり、シモーヌ・ヴェーユはそうではなかった。超本性的な真理を身をもって認識している点では、彼女のほうが私よりもはるかにすすんでいることを、私は束の間といえども疑ったことはなかった。しかし外面的には、彼女はつねに教会と境を接してはいたものの、ついに洗礼を受けるには至らなかったのである。私宛ての最後の数通の手紙の一つに、カトリシスムに対する彼女の態度が非常にはっきり示されている。「いまの私は、もし教会が近い将来そのために死ぬだれかを必要とするのでしたら、洗礼を受けるよりは、むしろそのために死のうという気持ちをもてるでしょう。死ぬということは、いってみれば、人をなにものに拘束するものでもありません。そこには嘘は含まれていないのです……現在、私は教会のそとにいるにせよ、そのなかにはいるにせよ、なにごとを行なうにしても嘘をついているような気がします。問題はどちらの側によりちいさな嘘があるのかということです……」。シモーヌ・ヴェーユがイエス・キリストを熱愛していたこと、この点について私の確信は一度もゆらいだことはない。それはそれとして、彼女の思想は、非常に多くの場合キリスト教の偉大な真理の中枢に位置づけられるものではあるにせよ、特にカトリック的であると規定されるようなものはなにももたず、また、彼女は教会の普遍的な権威を一度も認めていない。ところで、カトリック者が非カトリック者の思想に対する批評の責めに任じる場合、二つの相反する行きすぎに陥らずにすむのはむつかしい。一方の行きすぎは、問題となっている思想を思弁神学の諸原理と対決させ、厳密に正統でないような外見をもつすべての要素を容赦なく糺弾する方法である。この方法は、人を神のもとへ導く橋にいつもなくてはならない欄干の役目をするという利点をそなえている。しかし、理解と愛情をともなわずに用いられると、「あなたの眼があなたをつまずかせたら……」〔マタイ福音書五・二九〕という聖書のいましめの濫用に堕するおそれがある。私はどうかといえば、神学者でもないし、キリスト教の信仰の安泰を守る役目を特にさずかっているわけでもないので、このような方法をくわだてる資格はすこしもないと感じている。とりわけ、私は書斎に閉じこもった神学者をもってみずから任じたくはない。そうした神学者は、神のことについての一種の旅行案内をふりかざして、勇ましい旅行者の報告書に——たとえそれが不備なものであるにせよ——確定判決をくだすようなことをしかねないのである。もう一方の行きすぎは、検討の対象となっている思想を是が非でもカトリックの真理の方向に屈折させようとする方法である。これは明らかに「むりやりに家に連れこむ」〔ルカ福音書一四・二三〕という福音書のことばの濫用だ。人間の生活や仕事のなかの真実な部分、純粋な部分は、すべて、カトリックという綜合のなかにすでにおのずから位置するものであって、そのなかに入れようとしてうしろから押したり、向きを変えさせたりするには及ばない、とわれわれカトリック者は考えている。自分の財宝をふやそうとする守銭奴のように、なにもかも手もとに引き寄せる必要はない。なぜなら、すべてのものは、キリストに属するわれわれのものなのだから……

シモーヌ・ヴェーユの思想が、どの程度まで正統で、どの程度までそうでないかを判定するのは、私のよくするところではない。つぎのことを示すだけにとどめておこう。ただし、私の証言はもっぱら私個人を拘束するだけのものなのだが、それは彼女の思想をどのような意味に解釈すれば、キリスト者としての精神生活をゆたかにする糧をそのなかに見出しうるか、ということである。

私はシモーヌ・ヴェーユとことばのことで喧嘩をしないように特に気をつけたい。彼女の語彙は神秘家のものであって、思弁神学者のものではない。それはもろもろの本質の永遠の秩序を表現しようとするものではなく、神を求めるある魂の具体的な歩みをあらわすことを目ざしている。同じことが、霊的な著作を書いたすべての人びとについていえる。シエナの聖女カタリナの『対話』によれば、キリストは彼女に「私は在るものであり、あなたはそうではないものだ」といっているが、創られたものを、純粋な無であるとみなすこの表現は、学問としての存在論の領域では受け容れられない。神の貧しさ、創られたものに対する神の依存、等々について語る多くの神秘家たちの用語についても同じことがいえる。それらは、愛の秩序のなかでは真実であるが、存在の秩序のなかでは当を得ていないのである。この二つの秩序が相矛盾するものではないことを、ジャック・マリタンは、形而上学的に完全な正確な表現によって最初に分析した。すなわち、一方は実践と感情にもとづく認識に、他方は思弁的な認識にかかわるものなのである。

私はごく少数の友人たちにシモーヌ・ヴェーユの手記を読ませたが、その人たちは彼女の作品のなかで、とりわけ二つのことに抵抗を感じている。第一に、シモーヌ・ヴェーユは、創られた世界と超越的な神のあいだを完全に断絶させているように思われる。というのも、神は悪をまえにして手をこまねいていたし、宇宙を偶然と不条理のなすがままにゆだねているのだから。このような溝を設けると、歴史のなかで作用する摂理も進歩の概念も排除することになり、その結果、現世における種々の価値や義務を無視することになるおそれがある。第二に、シモーヌ・ヴェーユは社会的なものを忌みきらっているが、これは個人を孤立させ、傲慢な自己満足に閉じこめる方向に導く。形而上学者としてではない。それに、私はつぎのことを認めるにやぶさかではない。彼女はその天分のおもむくままに、超本性的なことがらの梃子でもうごかない特性を絶えず強調するあまり、往々にして、本性と恩寵のあいだのいくつかの邂逅点や中間過程を無視してしまったのである。彼女がキリスト教的な信仰心のいくつかの面を見すごしていたことは確実である。しかし、だからといって、彼女がとらえた面がキリスト教的でないと断言することはゆるされない。どんな人間的体験も――キリストの体験は別として――超本性的な真理をあますところなく包括したことは一度もないのである。たとえば、十字架のヨハネが神について語る場合、ボナヴェントゥラと同じ点に力点を置いてはいない。

繰り返していおう。シモーヌ・ヴェーユは神秘家として語っているのである。形而上学者としてではない。

神秘的な求道者のたどる道にはいくとおりかあり、つぎに示す詩のなかで詩人が人間一般についてうたっていることを、「世界」という語を「神」に置き換えて、神秘家たちにあてはめることができるのである。

だれでも世界を自分なりの意味において見る、
しかも各人が正しく見る、それほど世界は多くの意味をもつ！

福音書が語るように、天には多くのすみかがあるのだから〔ヨハネ福音書一四・二〕、天に通じる道も数多くあることだろう。

シモーヌ・ヴェーユはネガティヴな道を選んだ。「自分のほうに神を近づけるものをすべて恩恵とみなす人びとがある。私にとっては、神を遠ざけるすべてのものが恩恵である。」神とはまったくかけはなれたもの（盲目的な必然性、虚無、悪……）のなかに神を見出し、神を愛することを目ざす、この救いに至る王道は、「無」の一語を唯一の案内人としてのぼるあの無味乾燥なカルメル山登攀に、奇しくも似かよってていないだろうか？　それに十字架のヨハネも、シモーヌ・ヴェーユほど断乎とした口調ではないが、創られた事物のむなしさとそれらの事物に対するわれわれの愛着について語っているではないか。「創られたものの存在はすべて、神の無限の存在にくらべれば、無である。それゆえ、創られたもののとりこになっている魂も無である。創られたものの美はすべて、神の無限の美のまえでは、この上もなくみにくいものである。創られたもののすべての優雅さ、すべての魅力も、神の美をまえにしては、無味乾燥で、胸のわるくなるようなものである。創られたもののうちにひそむ善の至上なるものも、神の善のまえでは極みなく低い悪にすぎない。神だけがよいおかたである……」

さらに、シモーヌ・ヴェーユの《神学》は、神を家長や世俗的君主の流儀で世界を治める「善良な人びとの神」とみなす考えかたをしりぞけているが、このような《神学》は最も高い意味での摂理のはたらきをすこしも排除するものではない。偶然、運命、摂理などの観念は、存在のさまざまな段階で、同じように真実なのである。物質と悪とが現世でそれらに付随するすべての因果関係を発揮していることは疑うべくもない。歴史上の数知れぬおぞましい出来事は、神の国が現世ではないことを十分に証している（聖書も、悪魔を「この世の君主」〔ヨハネ福音書一二・三一〕と呼んでいるではないか）。それにもかかわらず、神はやはり創造のなかに神秘的に現存しているのである。神の恩寵はわれわれの上に重くのしかかるめぐり合わせのかずかずによってもすこしも変わらず、あたかも厚い雲をつらぬく太陽の光のように、重力の法則をつらぬいてはたらきかける。「愛のうちに黙して語らぬ」この神は、アリストテレスやスピノザの神とはちがって、人間の悲惨に無関心ではない。神は、創られたものを愛すればこそ、見かけのうえで創造から姿を消しているのである。創られたものがひとりぼっちで見放されたように苦しみと夜の果てまで歩み続けるのを、神はそのままにしておくが、それは創られたものをこの上もなく浄化するためなのだ。神は悪のまえで手をつかね、世俗の権力や威信に類するすべてのものを剥ぎ取りながら、人びとに神のうちなる愛のみを愛するようにとすすめる。「神は人びとに、力強きものとして、あるいは完全なるものとして、みずからを与える——選択は人びとにまかされている。」ところで、現世における無限の完成は無限の弱さなのである。神は、愛であるかぎりにおいて、十字架上にその全存在をあますところなく懸けた……

シモーヌ・ヴェーユは、地上的な諸価値の尊厳や必要性をすこしも無視してはいない。それらのなかに、魂と神のあいだの仲立ちを見ている。「いったいどんなものが、それをほろぼすと冒涜になるだろう？　低いものではない。そんなものにそれほど重要性があるはずはないから。高いものでもない。なぜならそれは、ほろぼそうにも手がとどかないから。仲立ち。仲立ちは善と悪の領域である。どんな人間存在からもその仲立ちを奪ってはならない。すなわち（家庭、祖国、伝統、文化、等々のような）相対的で混淆したことがらを奪ってはならない。こうしたことがらは、魂をあたため養うもので、それらがなければ、聖性の域に達していないかぎり、人間としての生活が不可能になるからである。」しかし、これらの相対的で混ぜ合わされた善の相対性と混淆性を見抜くことのできるのは、神を愛するがゆえに、所有するもの一切を奪われた体験をもつ人びとにかぎられている。そのほかの人はみな、程度の差こそあれ、そうした相対的な善から偶像をこしらえて崇めている。「超本性的な愛で神を愛するものだけが、手段を単なる手段にすぎないものとみなすことができる。」

シモーヌ・ヴェーユは選択を「低い水準の概念」であるときめつけ、超本性的な領域では意志の努力はまったく無効であると述べているが、だからといって、彼女は静寂主義《キュイエティスム》に陥っているわけではない。むしろ逆に、本性的な諸徳を絶えず几帳面に実践しなければ神秘的生活も錯覚にすぎないものになることを、彼女はいつも強調している。恩寵の原因は人間のそとにある。しかしその条件は人間のうちにあるのだ。シモーヌ・ヴェーユは錯覚を憎んでいる。とりわけ錯覚が感性的な敬虔や一種の宗教的《幻影》のかたちをとるとき、つよくそれを憎んだのだが、この憎しみは、彼女のように醇化された霊性のもちぬしの想像力や慢心をくすぐりうるようなすべての要素に対して、秤の反対側にのせられたおもりの役割を果たしている。十字架のヨハネのひそみに倣って、彼女もまた、行ないやすい低い段階の義務の遂行をなおざりにするように示唆する霊感は神から発するものではないということを、好んで繰り返している。「義務は、自我を殺すためにわれわれに与えられている……ほんとうの祈りにたどりつくためには、そのまえにいくつかの規則を遵守することによって自分の意志を摩滅させておく必要がある。」彼女は、どんな宗教的な高揚も、日常のつとめに対する厳正な忠実さに支えられていなければ、非常に胡乱なものであるとみなしていたので、自分が前述の義務の遂行をごくまれに怠った場合、それは大部分彼女の健康がすぐれなかったせいだったのに、いつも自分の霊的適性について深刻な疑念をいだいたものだった。生涯の終りに近く、彼女は悲痛な自己卑下の口調で、こう書いている。「こうしたすべての神秘的なことがらに私はまったく嘴をさしはさむ資格がありません。私はそうしたことがらについてなにも知りません。それらは、基礎になる道徳的な力をはじめからそなえた人びとだけのものなのです。それについて私はあてもなく話しています。そしてそれについて私があてもなく話しているのだと真剣に自分にいいきかせることさえできないのです。」

シモーヌ・ヴェーユの政治思想を語るについて、私がその思想にまったく共鳴しているだけに、なおさらあまり手間取らないように心がけるつもりである。私以外の人ならだれでも、彼女の生涯を物語りながら、人の心を感動させるような効果を引き出すこともできよう。そこには、反省と信仰の影響のもとに、心底から革命論者の気質をそなえた人物が、しだいに過去と伝統の崇拝に心を浸されていく過程が見られるのだから。シモーヌ・ヴェーユは革命論者でなくなったことは一度もない。むしろ、彼女はますます革命論者になった。ただし、人間を現実のありのままの姿からそらす夢のような未来の星のもとにある革命論者ではなく、永遠に不変なるもののもとにある革命家である。永遠に不変なるものは時間の経過とともに絶えず低下する傾向があるので、いつもそれを復原しなければならない。シモーヌ・ヴェーユは、人類が無限の完成に向かってすすんでいるとは信じていなかった。それどころか、歴史の流れのなかにはコンドルセのとなえた進歩の法則よりも、むしろエントロピーの法則が立証されるとさえ考えていた。この点については、なにも私が彼女を弁護するまでのことはない。というのも、偉大なギリシアの伝統に唱和して、「あらゆる変化は、限られたもの、ないしは循環するものでしかありえない」と考えることが異端であるとは思わないからである。社会という獣を標的とした彼女の毒舌についていえば、それは往々にして過激なかたちをとってはいるものの、しかるべき文脈のなかに置きなおしてみれば、それがかりそめにも無政府主義を擁護するものではないことが十分首肯できる。彼女は「社会的なものがこの世の君主（悪魔）の領域であることは、うごかしようのない事実である。社会的なものに対するわれわれの唯一の義務は、悪を制限しようとこころみることである……社会的な領域に属するものに《神のもの》というレッテルが貼ってあったとしたら、それはあらゆるかたちの放縦をつつみかくした酔い心地にさせる混ぜものだ。仮面をかぶった悪魔」と書いている。だがそのあとですぐ「では、都市は？だが、都市は社会的なものではない。それは人間をとりまく環境の一種で、人が呼吸する空気ほどにも意識の対象とならないものである。それは、自然、過去、伝統との接触である。根をもつことは社会的なものとは別のことなのだ」といい添えている。別の表現を用いれば、社会の影響は栄養物であると同時に毒物としての面もそなえているのだ。それは、個人に人間として生活し神のもとにもどるために必要な装備を供給するかぎりにおいて、栄養物である。一方、それは個人から自由を奪う傾向があり、彼のうちで神にとってかわろうとする傾向があるかぎりにおいて、毒物である。

社会的なものは神聖なものを絶え間なく侵蝕しており、神秘的なものは歴史の流れを通じて絶えず政治的なものに堕落している。そして、このような現象は、社会的なものが毒物として作用するときの危険を十分に——それも、今日、過去のどんな時代にもましてはっきりと——証しているのだ。

必要ナ変更ヲ加エレバ（mutatis mutandis）、同じ考察が教会にもあてはまる。シモーヌ・ヴェーユのようにつよく絶対を渇望していれば、必然的に歴史の相対性についての感覚をいささか欠くようになることは明らかである。「この世に倣うな」〔ローマ書一二・三〕ということばは彼女にとって、無条件に守らなければならない掟であった。世俗的な要請に対して教会の示したいくつかの譲歩は、教会の永遠の魂にはいささかのかかわりもないものなのだが、彼女にはどうしてもそのことが納得できなかった。たとえば、シャルルマーニュの列福は、彼女の眼には、社会的な偶像との恥さらしな妥協として映った。彼女はある箇所で、教会を「全体主義的な巨獣」と呼んでいる。これはいったいどういう意味だろう？　全体主義は、「全きもの」を拒否すると同時に「全きもの」たらんとするのがその特色である。カトリック教会は現世において「全きもの」のことづてを伝える役目を担っているのだから、全体主義的な存在になる必要はない。したがって、シモーヌ・ヴェーユの非難がある程度まであたっているとしても、それは教会という共同体のなかのある種の人びとにしかあてはまらないのである。その人びととは、愛と真理の扉を勝手に閉ざし、その結果、カトリシスムの普遍的な使命をないがしろにしているような信者たちだ。多くのカトリック信者たちが母なる教会を打ちすえる鞭をためらうことなくさし出そうとしている現時点だけに、なおさら、かつて「罪のからだなる教会」という観念をめぐって巻き起こされた論争をここで蒸しかえすのは問題外である。

ただつぎのことだけを認めておこう。キリストが「地獄の門も教会に勝てないだろう」〔マタイ福音書一六・一八〕といったとき、彼は教会のなかのすべてのものが永遠に純粋な姿で保たれることを約束したのではない。信仰の大切な預り場所である教会があらゆる浮き沈みに耐えて救われるであろうと予告したのである。教会はその根を神のうちにもつ。だからといって、この樹木に枯れ枝や虫喰い枝がまるでないわけではない。信仰をもつということは、神の樹液がけっして涸れないだろうと信じることである。それに、シモーヌ・ヴェーユの表現をそのまま用いれば、この「真理の腐敗することのない中核」が、教会という共同体に混入したあらゆる不純粋物のなかの一本の芯のように保存されていることは、カトリシスムが神のものであることをもっとも力づよく証す証拠の一つである。教会が「全体主義的な巨獣」になる可能性のあるのは、教会の肢体たる人間が教会の魂である神から完全に分離する場合にかぎられよう。このような仮設が実現することはありえない。なぜなら、地獄の門が教会に勝つことはないだろうから……今日、教会は、鎖から解き放たれたもろもろの全体主義と向き合って、普遍的なるものの最後の牙城としての姿をあらわしている。

　したがって、シモーヌ・ヴェーユは社会という獣を放逐するが、そのために宗教上の個人主義に陥るようなことはない。「自我と社会的なものとは二つの大きな偶像である。」恩寵はこの二つの偶像のどちらからもわれわれを解放する。セレスタン・ブーグレは、学生時代のシモーヌ・ヴェーユのなかに「アナーキストと聖職者の混在」を見ているが、これはおそらく彼なりに前述のことがらを表現しようとしたものであろう。

シモーヌ・ヴェーユを理解するためには、どうしても彼女が語っている面と同じ高さに身を置かねばならない。彼女の作品が語りかける魂は、たとえ彼女の魂ほど赤裸ではないにしても、すくなくとも、彼女がその生と死とを捧げた純粋善に対する熱望を奥深く保ちもつ魂なのである。彼女の手記のような霊的な作品に近づくのは、多少の危険をともなうことで、私もそれに気づかないわけではない。もっとも悪質な眩暈はいちばん高い絶頂にのぼりつめたとき起こるものである。しかし、光にものを灼くおそれがあるからといって、それだけを口実に光を枡の下に蔽い隠しておくことはできない。

**

ここで問われているのは、哲学ではなくて、生である。シモーヌ・ヴェーユは、一個人の体系を組み上げようとするどころか、むしろ全力を傾けて作品のなかの自分を目立たなくするように心がけている。彼女の唯一の願いは、神と人びとのあいだに遮蔽物を設けないこと──「創り主と創られたものたちが互いに秘密を打明け合えるように」消え去ることだった。彼女は自分の天才なども のの かずにしていなかった。真の偉大さは「なにものでもなくなること」に存することを知りすぎるほど知っていたからだ。「私のうちにあるエネルギーや天賦の才などがなんであろう。そうしたものに私はいつも飽き飽きしているから姿を消すのである……」彼女の願いはかなえられた。彼女の文章のあるものは、個人を超えた響きを発するほどの高さに達している。それこそ至上の霊感のあらわれなのだ。「だれかがわれわれに苦痛を与えたとき、その苦痛がわれわれを低める場合はその人をゆるすことができない。その苦痛がわれわれを低めたのではなくて、むしろわれわれの真の水準をはっきり思い知らせたのだと考えるべきである。」そしてこうもいっている。「だれかが私につらい思いをさせたとしたら、そのつらい思いが私を下落させないようにのぞまなければならない。私を苦しめるものに対する愛の気持ちから、その人がほんとうに悪いことをしたことにならないように、そうするのである。」シモーヌ・ヴェーユは、その作品の体系的な面よりも、むしろこのような謙遜と愛のほとばしりによってこそ、醇乎《じゅんこ》たることづてびととしての姿をあらわすのである。私は彼女のことづての信憑性をついぞ疑ったことはない。彼女の手記を公けにすることによって、彼女のもとにまねき寄せられるすべての魂に、私のこの確信をひろげるのである。

＊＊＊

この本に収められた文章はすべてシモーヌ・ヴェーユがその手で私にゆだねた手記から抜萃した。したがって、それらは一九四二年五月以前に書かれたものである。その後の労作も、彼女の両親の親切なはからいで私に手渡されたのだが、ここには収録することができなかった。ノートのなかに、無数の引用や文献学的研究や科学的研究に混じって書きとめられてあったこれらの文章を、私は自分で選んだのである。紹介するにあたって、つぎの二つの形式のうちのどちらを採用したものかと迷った。シモーヌ・ヴェーユの思索のかずかずを書きとめられた順序に従ってつぎつぎに紹介したものか、それとも、テーマ別に分類したものかと。私には後者の方式のほうがより好ましいように思われたのである。ここで、私の仕事に助力を与え励ましてくださったつぎのかたがたにぜひ感謝の意を表明しておきたい。まずペラン神父、ランザ・デル・ヴスト、オノラ兄妹（この人びとはシモーヌ・ヴェーユの親しい友人だった）、それからガブリエル・マルセル、それにジャン・ドゥ・ファブレーグの諸氏に。本文の設定と転写についてはV・H・ドゥビドゥール氏に。氏はまたアフォリスムのなかにはめこまれたギリシア語の引用を翻訳してくださった。そして最後に、私の仕事の献身的な助手として私にとってかけがえのない助けを与えてくれたオディル・ケラー嬢に。

一九四七年二月

† 繰り返しや不注意による文体の欠点がいくつかあるのはそのせいである。そうした箇所も、終始細心の注意を払って原文のままにしておいた。

†† これはヘルメスの公準である。すなわち、最高のものは最低のものに似るのである――これが存在の中心法則で、シモーヌ・ヴェーユの全作品にその適用が無数にちりばめられている。たとえば、聖人たちの無抵抗主義は外面的には卑怯と見分けがつかず、至上の知恵は無知と隣り合い、恩寵のうながしは動物的本能の不可避性とそっくりであり（私はきみの面前で駄獣のようになった……）、執着からの脱却は無関心に似ている、等々……。

【訳注】

（１）existerというフランス語の動詞はexsistererというラテン語の動詞、すなわちex『外ニ』およびsisterer『置カレル』に分解される語に由来している。

訳者あとがき

本書は Simone Weil, *La pesanteur et la grâce*, Plon, 1960 の全訳である。最初に訳者が手がけたのは、一九四八年の初版本で、ギュスターヴ・ティボンによる長い序文が巻頭に置かれていたが、今回はそれを「解説」として巻末に移した。ヴェーユの全貌を把握するためには、彼女の思索の貯蔵庫ともいうべき『カイエ』全四巻を通読する必要があり、たとえティボンが彼女から十一冊のノート（『カイエ』の第一巻から第三巻までに相当する）を託されたとはいえ、『重力と恩寵』はティボンが彼の思考の意図に従ってヴェーユの思想の断片をつなぎ合わせたものにほかならず、序文は「解説」として巻末に置くのが妥当と思われたからである。

ヴェーユ研究者の多くは『重力と恩寵』を彼女の著作とみなしていない。たとえばジルベール・カーン（一九一二—一九九五）はアンリ四世高校のカーニュ（高等師範学校準備学級）でヴェーユの後輩としてアランの薫陶を受け、直接の友人でもあり、のちに気鋭のヴェーユ研究者たちとの討論をまとめた『シモーヌ・ヴェーユ、哲学者、歴史家、神秘思想家』（一九七八年）を刊行しているが、巻頭の「ヴェーユ著作目録」のなかに『重力と恩寵』を組み入れていない。

とはいえ通常、一冊の書物には著者が執筆までに閲した時間、すなわち著者の経験が組み入れられているものである。その意味でヴェーユの人となりと本書の成立を語るティボンの「解説」の三二三ページまでは参考文献として読むに値する。

ティボンに託されたノートは一九四〇年から四二年にかけて書かれたものと推定される。その直前に書かれたのが「『イーリアス』あるいは力の詩編」と題する論文である。エミール・ノヴィス（Émile Novis）というアナグラムで南フランスの雑誌『カイエ・デュ・シュッド』（一九四〇年一二月～一九四一年一月号）に発表され、ヴェーユ没後、『ギリシアの泉』（一九五三年）に収められた。

ヴェーユは『イーリアス』の真の主人公は力であると説き起こす。「人間たちの手で操作され、人間たちを服従させ、それをまえにすると人間たちの肉が収縮する、そういう力である。この詩編のなかに現れる人間の魂は、力との関りによって絶えず形を変えられ、自由に使っているつもりの力にひきずられ、目を眩ませられ、加えられた力に拘束され、圧し拉がれている」と説きすすめるヴェーユは、『イーリアス』全編が一つの都市の破壊という人間同士のあいだにありうる最大の不幸の影に覆われていることに着目する。詩人はその不幸をあらわな形で描き示し、勝者について語るときも、敗者について語るときも、詩人の言葉のひびきは変わらない。『カイエ』第四巻に「世界のそとに位置する神の知恵の住まう場所から見るのでなければ、勝者と敗者を同時に理解することは不可能である」という断章が差し挟まれている。詩人は、創造のわざを終えてからいったんこの世からしりぞいた神が俯瞰するようなまなざしで人間界を見守りながら『イーリアス』を歌いあげた、とヴェーユは考えているのだ。

「イーリアス論」にはそれ以降の（といっても短い歳月しか残されていないが）ヴェーユの思想展開の萌芽が刻みこまれている。そして「不幸」という主題がその中心に位置していることを、たとえば『神を待ちのぞむ』に収められた「神への愛と不幸」と題する省察を読むことによって垣間見ていただきたい。

一九四〇年六月、ヴェーユはパリをあとにする難民の群れに混じり、ヴィシーを経てマルセーユにおもむき、そこでドミニコ会士ジャン＝マリ・ペラン神父と知り合い、文通を重ねる。その結実である『神を待ちのぞむ』に収められた「霊的自叙伝」こそ、ティボンの「解説」に立ち優って、本訳書を読むための必読の文献である。

＊

『ミラノ霧の風景』（一九九〇年）、『ヴェネツィアの宿』（一九九三年）など珠玉のエッセーを数多く書き残した須賀敦子が、ヴェーユの『カイエ』第四巻の「月報」に「世界をよこにつなげる思想」と題する文章を寄せている。そのなかに、「多くのものが教会のそとにあります。わたしが愛していて棄てたくないと考えている多くのもの、また神の愛する多くのものがそのそとにあります。神が愛するのでなければ、それらのものは存在しないはずだからです。最近の二十の世紀をのぞいて、過去の巨大な拡がりをなす、すべての世紀、有色人種の住むすべての国々、白人の国々におけるすべての世俗的な生活、その国々の歴史のなかで、マニ教やアルビジョワ派のように異端として非難されるすべての伝統、ルネサンスから出て、あまりにもしばしば堕落しているとしても、全然無価値とは言いがたいすべてのもの、そういうものが教会のそとにあります」という『神を待ちのぞむ』からの引用があり、「わたしの生のつづくかぎり、ずっとわたしのなかでヴェーユに大きく呼応するはずの部分である」と述べている。

彼女の家の本棚に『重力と恩寵』のイタリア語訳も並んでいて、訳者は著名な詩人であるとのこと。そして、「フランスやイタリアには、青春の日々に、ヴェーユやムニエやペギー、そしてサン＝テグジュペリを読んでそだった世代というものがあるように思う。たまに、そういう人たちに出会うと、はじめて会ったひとでも、たちまち《つながって》時間のたつのをわすれて話しこんでしまう。中世までは、教会のラテン語をなかだちにして、ヨーロッパ世界はよこにつながっていた。戦後すぐの時代に芽ぶいたのは、中世思想の排他性をのりこえて、もっと大きな世界をよこにつなげるための思想だったのではないか」と結んでいる。

継子あつかいの『重力と恩寵』の訳者としてはまことに嬉しい文章だが、それにしてもパスカルの『パンセ』やラ・ロシュフコーの『箴言集』のようなアフォリズムや断章の連なる本書は、題名からして若い読者たちをたじろがせるであろう。「重力とはなにを意味するのか」、「恩寵は願えばだれにでも与えられるのだろうか、それとも予め選ばれた人たちにだけ与えられるのか」等々。「よこにつなげる思想」をそこに見出しにくいかもしれない。

戸惑っている若い世代の読者に勧めたいのは、まず本書の「注意と意志」と題する章の冒頭に置かれた「新しいことがらを理解するには及ばない。むしろ忍耐と努力と方法を尽くし、全身全霊を傾けて、明白な真理の理解にたどりつくよう心がけねばならない」という断章を読み、ひきつづき『神を待ちのぞむ』のなかの「神への愛のために学校の勉強を活用することについての省察」を覗くことである。そこには「注意というのは自分の思考を定着させずに、動かしうるもの、空洞なるもの、対象の浸透しうるものにしておき、自分のなかで利用すべきさまざまの知識を、思考に近いけれどももっと低くて思考に触れないところに保つことだ（……）そしてとくに思考は空洞で、待ちかまえていて、何も求めないが、そこに浸透すべき対象をそのはだかの真実において受けとろうとしなければならない」と書かれている。

この「省察」は「隣人愛にみちているということはただ隣人に向かって《あなたの苦しみはどんなですか》とたずねることだ。それは（……）わたくしたちによく似た人間がある日不幸によってだれにもまねのできない刻印をおされたものとして存在するということを知ることなのだ。そのためには、その人にある種の視線を向けることを知っていればよいのだが、またそれが欠くべからざることだ。この視線は第一に注意深い視線である。このとき魂はありのままに、すべての真実において見ている存在をそれ自身において受けいれるために、魂自身の内容をすべて《から》にしている。注意のできる人だけにそれができるのだ」と結ばれている。

いっぽう次のような読みかたもある。たとえばアットランダムに「対象なしに欲求すること」という章を開いてみよう。そこに「亡き人の現存は想像上のものだが、その不在はまさしく現実である。その人が死んでからは、不在がその人のあらわれかたになる」という文章を見出したとき、身近な肉親に先立たれた体験をもつ読者ならば自分なりの深い思いを抱くのではないだろうか。

マルセル・プルーストの『失われた時を求めて』の最終編「見出された時」の結びに近い部分に「実際のところ、おのおのの読者は、本を読むとき、自分自身のことを読む読者なのである」と書かれている。若い読者たちにこのことばを送り届けたい。

（二〇〇九年七月三日）

年　譜

1909 年

2 月 3 日，パリに生まれる。
父はユダヤ系フランス人の医師，三歳年上にのちに世界的数学者となる兄アンドレがいる。

1917 年（8 歳）

ラヴァル高等中学に入学する。

1919 年（10 歳）

フェヌロン高等中学のクラスに編入学。

1924 年（15 歳）

ヴィクトル＝デュリュイ高等中学哲学級に入学。

1925 年（16 歳）

6 月，哲学に関する大学入学資格試験（バカロレア）に合格。
11 月，高等師範学校（エコール・ノルマル・シユペリウール）の進学準備課程を修めるためアンリ四世高等中学に入学し，同時にソルボンヌ大学に学生として登録する。アンリ四世の哲学教師だったアランの影響をふかく受ける。

1927 年（18 歳）

一種の「民衆大学（ユニヴェルシテ・ポピュレール）」の運動に参加し，無報酬で講義を行う。革命的サンディカリスムに興味をいだく。

1928 年（19 歳）

高等師範学校の入学試験に合格。入学後もアランの講義にはつづけて出席する一方，マルクシズムに興味を持ちはじめる。

1931 年（22 歳）

7 月，高等師範学校を終え，大学教授資格（アグレガシヨン）試験に合格。ル・ピュイ女子高等中学の哲学教授に任命され，赴任。

12 月，失業救済事業に関するル・ピュイの労働者の要求を支持して，市長に面会を求める陳情団に同行し，「ル・ピュイ事件」の主謀者と目される。

1932 年（23 歳）
7 月，ナチズムの台頭を調査するためのドイツ旅行に出発する。
10 月，オセール女子高等中学に赴任する。

1933 年（24 歳）
オセール女子高等中学からロアンヌの女子高等中学への転勤を命ぜられ，赴任。

1934 年（25 歳）
6 月，文部省に個人研究のため 10 月以後一年間の休暇を願い出る。
重要論文「自由と社会的抑圧にかんする諸原因についての考察」を完成。
12 月 4 日，パリのアルストン電機会社ルクルブ工場に女工として雇われる。
12 月 25 日，疲労のために倒れる。

1935 年（26 歳）
2 月，職場に復帰するが疲労と頭痛はつづく。
3 月，ふたたび倒れる。
4 月，アルストン電機会社を解雇。パリ近外ブーローニュ・ビランクールのカルノー鉄工所に職を見つける。
5 月，雇用契約が切れ，同時に疲労のために倒れる。
6 月，ブーローニュ・ビランクールのルノー自動車工場に雇われる。
7 月，ルノー工場をやめる。
8 月，両親とともにポルトガルで夏を過し，ある漁村でキリスト教との最初の出逢いを経験し，この宗教が深く「奴隷の宗教」であることを確信する。

1936 年（27 歳）
8 月，スペイン内戦に義勇兵として参加するためスペインに入国，エブロ河沿岸の前線に赴く。
部隊の渡河作戦に際し後方に炊事当番として残され，煮えたぎった油

鍋に片足を突っこみ火傷を負う。帰国。
10 月，身体の衰弱はげしく復職は不可能である旨の理由書を添えて，休職願いを提出。
12 月，健康状態回復せず，休職延長を請願，受理される。

1937 年（28 歳）
1 月，スイス，モンターナに静養にいく。
モンターナよりイタリア旅行に出発する。キリスト教との第二の出逢い。アッシジのサンタ・マリア・デリ・アンジェリ小聖堂ではじめてひざまずく。
10 月，復職して，サン・カンタンの女子高等中学に赴任する。

1938 年（29 歳）
1 月，偏頭痛悪化のため休暇願いを文部省に提出し受理される。
3 月，復活祭の前後十日間をソレームの修道院で過す。キリスト教との第三の出逢い。はげしい頭痛のうちにキリストの受難についての啓示を受ける。
6 月，一ヶ月半にわたり二回目のイタリア旅行。
10 月，サン・カンタンに帰り復職する。

1939 年（30 歳）
7 月，文部省に一年間の休暇を願い出て受理される。両親の滞在していたジュネーヴに出発する。
9 月，英仏がドイツに宣戦を布告し，第二次大戦はじまる。開戦とともに急いでパリへ帰る。

1940 年（31 歳）
6 月，ドイツ軍の大攻勢はじまり，パリをあとにする難民の群れに投じ，南に向かう。ヴィシーにいたり，以後二ヶ月，両親と同地に留まる。
10 月，ヴィシーからマルセーユに移る。
11 月，文部大臣にあてて復職願いを提出するが，無回答に終わる（ユダヤ人にたいする教授資格剥奪の決定のためだった）。

1941 年（32 歳）
6 月，マルセーユのドミニコ会修道院長ジャン＝マリ・ペラン神父と

信仰を結び，しばしば議論を闘わせる。

8月，かねてからの希望であった農民生活を送るために，ペラン神父に紹介され，農民哲学者ギュスターヴ・ティボンをアルデッシュ地方サン＝マルセルの農場に訪れる。ここで昼は労働し，夜はティボンを相手にキリスト教について語りあう。

9月，近隣の村の葡萄の取り入れを手伝い，農業労働者として働く。

1942年（33歳）

5月，アメリカ経由でロンドンに向かう意図をいだき，両親とカサブランカに向かってマルセーユを離れる。

6月，ニューヨークに到着する。

7月，アンリ四世高等中学の同級生モーリス・シューマンがロンドンの「自由フランス」に参加していることを知り，ロンドンに呼んでくれるよう手紙を書く。

11月，ロンドンに向けてニューヨークを去り，リヴァプールに到着する。

1943年（34歳）

1月，ロンドン，ポーランド通りに下宿する。

ド・ゴール将軍率いる「自由フランス」の文案起草者となる。『根をもつこと』所収の諸論文が執筆される。

4月，疲労と栄養失調のため健康状態悪化，ロンドンのミドルセックス病院に入院させられる。

8月，ケント州アシュフォード在グロスヴェナー・サナトリウムに移る。

8月24日，グロスヴェナー・サナトリウムにて死去。享年34歳。

8月30日。アシュフォードの墓地に埋葬される。

著者紹介

シモーヌ・ヴェーユ（Simone Weil）
1909年生まれ。フランスの思想家。リセ時代アランの教えをうけ、哲学の教職についたが、労働運動に深い関心を寄せ、工場に女工として入り8ヶ月の工場生活を体験。36年スペイン内戦では人民戦線派義勇軍に応募。40年独仏戦のフランスの敗北で、ユダヤ人であるためパリを脱出。その頃キリスト教的神秘主義思想を深める。42年アメリカに亡命、自由フランス軍に加わるためロンドンに渡るが、病に倒れ、43年衰弱死する。彼女の生涯と遺作は、不朽の思想として世界の文学者、思想家に深い感銘と影響を与えた。

訳者紹介

渡辺義愛（わたなべ・よしなる）
1927年生まれ。上智大学名誉教授。2018年逝去。
著書『ホイスト・ゲームのカードの裏側』（国書刊行会）、『近代文学のなかのキリスト教』共著（南窓社）、ほか。訳書　ジョルジュ・ベルナノス『ウイーヌ氏』（春秋社）、ジャン・ピエロ『デカダンスの想像力』（白水社）、ほか。

重力と恩寵

1968年5月10日　初　版第1刷発行
2009年8月24日　新　版第1刷発行
2020年8月25日　新装版第1刷発行

著　者　シモーヌ・ヴェーユ
訳　者　渡辺義愛
発行者　神田　明
発行所　株式会社 春秋社
〒101-0021　東京都千代田区外神田2-18-6
電　話　03-3255-9611（営業）
03-3255-9614（編集）
振　替　00180-6-24861
https://www.shunjusha.co.jp/
印　刷　萩原印刷 株式会社
装　幀　鎌内　文

ISBN978-4-393-32554-4 C0010　Printed in Japan
定価はカバーに表示してあります